Nicole C. Karafyllis

PUTZEN
ALS
PASSION

Ein philosophischer
Universalreiniger
für klare Verhältnisse

Kulturverlag Kadmos Berlin

Bibliografische Information der Deutschen Nationalbibliothek

Die Deutsche Nationalbibliothek verzeichnet diese Publikation in der
Deutschen Nationalbibliografie; detaillierte bibliografische Daten sind
im Internet über <http://dnb.d-nb.de> abrufbar.

Copyright © 2013, Kulturverlag Kadmos Berlin.
Wolfram Burckhardt
Alle Rechte vorbehalten
Internet: www.kv-kadmos.com
Umschlaggestaltung: kaleidogramm, Berlin
Gestaltung und Satz: kaleidogramm, Berlin
Druck: Finidr
ISBN (10-stellig) 3-86599-216-1
ISBN (13-stellig) 978-3-86599-216-1

Inhalt

Für Melitta, Kuno und den Philosophen,
der in P. die Kinder in Piraterie unterrichtet

I.
Putzen als Passion

Warum selber putzen?
Ideologiekritik mit einem Wisch

Ja, ich putze selber. Und ich putze gerne. Nicht immer, aber wenn es an der Zeit ist. Damit meine ich nicht, dass es dann an der Zeit ist, wenn es schmutzig ist. Sondern das Putzen ist dann an der Zeit, wenn ich denke, dass die Tätigkeit des Putzens mir persönlich etwas bringt: Entspannung, Sortierung meiner Gedanken, Klarheit, Kontemplation, Fitnesserhöhung, Erbauung. Selber zu putzen ist Teil der Selbstbestimmung und gehört zu meiner ganz persönlichen Lebensweise. Deshalb ist das Putzen meiner Wohnung auch nicht delegierbar. Seit Jahren muss ich mich aber gegenüber Freund(inn)en und Kolleg(inn)en dafür rechtfertigen, dass ich gerne selber putze und keine Putzfrau beschäftigen möchte. Dabei bewundere ich gute Putzfrauen und -männer. Und so entstand die Idee zu diesem Buch, das gleich mit einem Bekenntnis eröffnet.

Dass ich gerne putze ist die Wahrheit, worunter ich als Philosophin eine gerechtfertigte Meinung verstehe. Ich bekenne mich hiermit öffentlich dazu, *selber* putzen zu wollen und zu können. Und ich bestreite, dass jede(r) putzen *kann*. Theoretisch vielleicht schon, aber praktisch erlangen die wenigsten Leute derartige Kenntnisse, dass man bei ihren Putzversuchen von einer »Fertigkeit« sprechen könnte. Oder sie verbergen es geschickt, damit jemand anderes putzt. Dabei haben sie immer weniger die Wahl. Fast alles muss geputzt werden und das wird immer schwieriger. Putzen gehört zwingend zum Konsum. Eine Konsumgesellschaft ist de facto eine Putzgesellschaft, worüber Gesellschaftstheoretiker bislang geschwiegen haben. Wenn Sie ein neu gekauftes Artefakt auspacken, finden Sie heutzutage der Bedienungsanleitung eine mehrseitige ›Pflegeanleitung‹ beigelegt, damit Sie das Ding auch richtig putzen. Wenn der Schmutz haftet, haftet niemand mehr für die Produktgarantie. Die Vernachlässigung des Putzens hat Gründe, die es zu entstauben gilt. Mangelnde Zeit ist ein häufig genannter Grund, aber bei weitem nicht so wichtig, wie er scheint. Wichtiger ist die Vielzahl an Mitteln und Materialien, die beim Putzen zum Einsatz kommen und über die man sich informieren müsste, bevor man putzt. Das tun die wenigsten. Putzen ist mittlerweile alles Andere als eine unterfordernde, wenngleich immer noch eine wenig anerkannte Tätigkeit, mit der viele Menschen ihre Zeit verbringen. Aber diejenigen, die sich gerne selbst verwirklichen möchten, können dies mit dem Putzen offenbar nicht tun. Die *Do it yourself*-Bewegung ignoriert das Putzen konsequent, anders als das Kochen, Stricken, Heimwerken etc. Das Saubermachen hat scheinbar nichts Individuelles und hinterlässt vor allem nichts Besonderes. Deshalb ist der wichtigste Grund, der gegen das individuelle Putzen spricht, die *Sinnlosigkeit*, die allenthalben über das Putzen verbreitet wird; obwohl jede(r) es doch gerne sauber hat – zumindest, wenn Gäste kommen.

Sie könnten sich durch Ihre Ablehnungshaltung dem Putzen gegenüber in eine tiefe psychische Krise manövrieren. Beginnen wir deshalb mit einem kleinen Test. Beantworten Sie dazu bitte gedanklich folgende Fragen jeweils mit Ja oder Nein:

1. Ich überlege häufiger, morgens im Hallenbad schwimmen zu gehen, damit ich dort duschen kann und nicht mit dem Glasabzieher meine Duschkabine vor Kalkflecken schützen muss. Ich rede mir aber ein, ich gehe wegen der Fitnesserhöhung schwimmen!

2. Ich werfe die Hälfte aller Dinge, die ich von Freunden zum Geburtstag bekommen habe, weg, weil es sich in meinen Augen um Staubfänger handelt.

3. Ich habe meinen Hund ins Tierheim gegeben, weil er so haart. Ich sage mir aber, es ist das Beste für ihn, weil ich so wenig Zeit für ihn habe.

4. Bekannte, die Kinder im Alter unter 10 Jahren haben, lade ich nicht zu mir nach Hause ein. Eigentlich lade ich sowieso immer weniger Leute zu mir ein.

5. Ich wünsche mir nichts sehnlicher als eine Putzfrau, kann mir aber finanziell keine leisten. Gegenüber anderen behaupte ich, aus gesellschaftspolitischen Gründen niemanden beschäftigen zu wollen, der meinen Dreck wegmacht.
6. Ich gönne mir manchmal Kurzurlaube in Hotels, weil ich da bedient werde und jemand anderes putzt. Gleichzeitig habe ich Angst davor, dass es dort nicht richtig sauber ist.

Wenn Sie mindestens einmal innerlich JA gesagt haben, sollten Sie womöglich dieses Buch lesen, denn Sie haben bereits begonnen, sich – nicht nur – vom Putzen beherrschen zu lassen. Wenn nicht, können Sie es trotzdem lesen und sich darin bestätigt fühlen, dass es Sinn macht, *gerne* oder zumindest *bewusst* zu putzen. Es bleibt einem auch nicht viel anderes übrig.

Philosoph(inn)en haben mit Putzenden viel gemein: Sie ordnen und sortieren erst, betrachten dann alles von allen Seiten und bearbeiten es, um die Lage dadurch komplizierter zu machen, als sie vorher war. Manchmal betrachten und bearbeiten sie etwas auch erst und sortieren dann. Wer wirklich putzt, räumt immer auch auf und wirft etwas weg, der Putzende den vollen Staubsaugerbeutel, der Philosophierende die Vorurteile (manchmal ist der Mülleimer aber schon voll). Trotzdem ist es *nicht* das Ziel, Ordnung zu schaffen, das den Putzenden wie den Philosophen antreibt. Das wäre ja langweilig. Ein gemeinsames

Ziel ist vielmehr die *Klarheit* über das vorliegende Problem, nicht etwa der Durchblick bzw. die Transparenz. Vorbild für die gedankliche Reflexion ist also der geputzte Spiegel und nicht das saubere Fenster. Durch das kann man nur sehen, was die anderen von Gegenüber machen. In der Klarheit sieht man hingegen Dinge und deren Aspekte, die man vorher nicht gesehen hat und gelangt zu einer höheren Einsicht. Beim Putzen wie Philosophieren geht es erstens darum, dem *schönen Schein* der Oberfläche auf den tieferen Grund zu gehen. Zweitens gilt es zu lernen, dass eine angebliche *Lösung* für ein Problem nicht bedeutet, dass das Problem weg ist, sondern, dass es genügend hoch verdünnt (»gelöst«) und damit vorerst unsichtbar ist. Wer das versteht, weiß, dass Reinheit eine Illusion bleiben muss, Sauberkeit aber wirklich werden kann. Zumindest zeitweise.

Es braucht Kenntnisse, um zu Erkenntnissen zu gelangen. Das Wichtigste beim Putzen sind Kenntnisse über den Schmutz und den Untergrund, auf dem er haftet, das Material. Daraus, d. h. dem Zweck der Reinigung eines spezifischen Materials, erschließen sich die Mittel, wie man den Schmutz entfernt. So entstanden moderne, industriell genutzte *Spezialreiniger* wie Kunststoffreiniger und Edelstahlreiniger, die auch in kleinen Gebinden für den Haushalt angeboten werden. Sie sind ein Kennzeichen der Alltagsindustrialisierung. Der Name des Reinigers und das Etikett geben – wenn sie gelesen werden – Hinweise zum Verwendungszweck. Denn Putzen ist eine *Kulturtechnik* wie Schreiben und Kochen. Ihre Besonderheit liegt darin, dass sich die Putzenden stets mit einfachsten Mitteln und Werkzeugen begnügten und die Vorliebe für Einfachheit hat sich in den Mentalitäten bis heute gehalten. Paradigmatisch stehen dafür Eimer, Seife und Lappen.

Erste Spannungen deuten sich an. Denn die zur industriellen umgekehrte Herangehensweise ist die traditionelle des Privathaushalts, die das Putzmittel als *Hausmittel* sieht, dessen Name über Generationen so laut weiter geflüstert wurde, bis das Raunen auch im virtuellen Raum wiederhallt (z. B. unter www.fragmutti.de). Hier werden vom Mittel aus die Zwecke erst erschlossen. Das Problem formuliert sich dann etwa so: »Ich habe Essigessenz, was bekomme ich damit alles sauber?« Das ist nicht ganz ungefährlich. Vielen weit verbreiteten Putztipps sollte man misstrauen, etwa dass man Rotweinflecken am besten mit WC-Reiniger aus dem Teppich bekommt. Es bleibt dennoch richtig, dass man braune Ablagerungen in Teetassen gut mit Zitronensäure entfernen kann. Aber um Flecken soll es hier nicht gehen, denn es interessieren nicht vereinzelte Verschmutzungen, sondern der Schmutz an und für sich und wie man ihm begegnen kann.

Die Mittel sind nicht immer nur flüssig in Flaschen zuhanden, sondern schmutzlösende Mittel können ihrerseits durch Maschinen im Haushalt vermittelt werden, was nicht selten dazu führt, dass die Maschine von einfallsreichen Personen zweckentfremdet wird. Dann entfaltet sich das Problem in zwei Hauptfragen: »Ich habe einen Kärcher Hochdruckreiniger, was kann ich damit alles kärchern?« oder »Was kann man alles in die Geschirrspülmaschine packen?« Das Universalismusproblem und das Reduktionismusproblem (s. Kap. II) durchziehen das Putzen wie keine andere Kulturtechnik, so als würde man behaupten, mit einem Schraubenzieher jedes handwerkliche Problem lösen zu können. Für die Natur des Schmutzes interessiert man sich heutzutage nicht, deshalb fällt er auch besonders häufig an. Das ist symptomatisch und u. a. deshalb habe ich dieses Büchlein geschrieben. Schmutz ist nichts Heiliges, zu dem man Abstand zu halten hat. Man sollte ihn von seinem modernen Podest herunterholen. Deshalb gilt die alte Regel: Putze immer von oben nach unten! Podeste werden auch mal schmutzig und müssen gewischt werden. Danach können sie wenigstens Scheinheiligkeit fundieren.

Denn eines ist offenkundig: Moderne Gesellschaften versuchen systematisch und mit einiger Unterstützung der Putzmittelindustrie, einen vom *wirklichen* Putzen – und wirklich heißt: mit der Hand – abzuhalten, fordern aber ständige Sauberkeit und Hygiene ein. Das ist eine klassische *double-bind*-Situation (»Mache sauber, aber ich zeige Dir nicht wie es geht und wenn Du es trotzdem machst, schätze ich es gering.«). Sie wird dadurch verstärkt, dass man im öffentlichen Raum kaum mehr Menschen putzen sieht. Putzen ist real, aber nicht wirklich. Putzkolonnen arbeiten morgens sehr früh oder abends sehr spät, man sieht sie meist nicht arbeiten. Man sieht, dass sie da *waren*, man findet sein Büro bei Arbeitsbeginn wenn auch meist nicht sauber, dann doch wenigstens sauberer vor. Putzen artikuliert sich zunehmend im Modus der Vergangenheit und der Zukunft, aber nicht in dem der Gegenwart – völlig anders als der Schmutz, der immer *da zu sein* scheint.

Problematisch ist ferner, dass auf der Ebene der Maschinen die Alltagsindustrialisierung des Putzens wenig fortgeschritten ist. Die Innovationen bei den Putzmaschinen für den Haushalt haben sich in den letzten Jahrzehnten in Grenzen gehalten, im Vergleich etwa zu den Innovationen in der Küchentechnik. Sie beschränken sich im Wesentlichen auf Waschmaschine, Geschirrspülmaschine, Staubsauger. Besen und Kehrblech sind aber durch den Staubsauger nicht überflüssig geworden. Schuhputzmaschinen, bekannt aus Hotels, gibt es zwar mittlerweile für den Privathaushalt, aber sie putzen vor allem die hinteren Teile der Schuhe lange nicht so gut wie die Hand es kann. Außerdem helfen sie nicht bei Wildlederschuhen oder Sandalen. Auch die kleinen runden Staubsaugroboter, die jüngst für circa 200 Euro im Handel angeboten werden, sind bezüglich ihrer Effektivität unvollkommen. Strenggenommen sind sie, weil sie meist keinen Staubsaugerbeutel haben, Krümelauffangkisten. Gewisse Fortschritte gibt es bei Fensterputzmaschinen, aber die lohnen sich für den Privathaushalt kaum. Das alles ist eigentlich ein Grund zum Wahnsinnigwerden. Aber auch ein Grund zu erkennen, wie komplex die Aufgabe des Putzens ist.

Im Jahr 1988 interviewte Nicole Yorkin von der *Los Angeles Times* dreißig Futurologen zu der Frage, wie die Welt in 25 Jahren aussehen würde. 2013 zieht Paul Owen vom britischen *The Guardian* Bilanz: Eingetroffen sei zwar u. a. die Materialisierung von Satellitennavigationssystemen und auch das Internet wurde Wirklichkeit, aber maßlos überschätzt habe man 1988 die Entwicklungen der Robotik für den Privatbereich. Denn die Futurologen sahen für 2013 Haushalte voraus, die mit mehreren *Convenience*-Robotern ausgestattet sind und autonom kochen, putzen, waschen und die Wäsche sogar falten können. Scheinbar so einfach und in Wirklichkeit doch so schwer – das ist die technische Sachlage. Womöglich waren andere Aufgaben für Roboter aber auch dringlicher finanziell zu fördern, z. B. militärische. Haben sich die damaligen Futurologen etwa vom Ablenkungsdiskurs leiten lassen, dass die Entwicklung von Haushalts- und Pflegerobotern Hauptziele der Robotik seien? Offenbar ging und geht es nicht wirklich um die Entlastung von Frauen im Bereich der reproduktiven Arbeit, sondern um die Aufrüstung von Männern und Produktionsstandorten. Nach dem Krieg räumten bislang vorwiegend die Frauen auf.

Bei der Entwicklung der sogenannten *maid robots* (Hausmädchen-Roboter) ist man aber ein gutes Stück weiter gekommen, wie der 2010 vom *Korean Institute of Science and Technology* entwickelte Roboter *Mahru-Z* zeigt. Aktuell konzentriert man sich noch nicht auf die schwierigere Aufgabe des Putzens, sondern erst einmal aufs Aufräumen. Denn zunächst gilt es die technische Problematik zu lösen, wie ein Roboter einen dreidimensionalen Raum überhaupt als solchen kognitiv erkennt. Dann muss er verschiedene Objekte im Raum erkennen, die nicht am richtigen Platz stehen – er muss also ein Konzept für Ordnung haben. Dies funktioniert dank der Fortschritte bei der Entwicklung von Droid-Robotern im militärischen Bereich. Hat der Roboter nun erkannt, was fehl am Platz ist, muss er dorthin laufen oder fahren, dasjenige aufheben und dann an den richtigen Ort bringen. Philosophisch bedeutet dies, der Roboter muss fähig werden, Kategorien zu bilden und Dinge nach Ähnlichkeit zu sortieren, z. B. ein auf dem Boden liegendes Buch *als* Buch zu erkennen, aufzuheben und in das Bücherregal zu stellen; wohin in der Bücherreihe, ist ein später zu lösendes Problem, man hat eher nicht an einen Philosophenhaushalt gedacht. Wer also nicht mehr selbst, sondern in Zukunft einen Roboter aufräumen und putzen lassen will, muss sich darauf einstellen, dass er bzw. sie die Wohnung nach Roboterkriterien einzurichten hat, und das bedeutet eine weitgehende *Standardi-*

sierung der Wohnwelt. Denn um Ordnung schaffen zu können, müssen die Ordnungsstrukturen extern vorgegeben sein. Bei Büchern gelingt das Aufräumen dem Roboter-Prototypen mittlerweile halbwegs, aber bei schmutzigen Gläsern auf dem Tisch wird es schon schwieriger. Der Roboter vermag das Glas zu greifen, aber nicht unbedingt auf sanfte Weise wieder abzustellen, so dass es auch intakt bleibt. Noch schwieriger wird es bei Bierflaschen auf dem Couchtisch, denn Roboter können bislang schlecht erkennen, ob die Bierflasche etwa noch halb voll ist.

Oder halb leer. Die Lage ist ein Grund zur Demotivation, denn die hohen Ansprüche an Sauberkeit und Hygiene können bis heute nur mit einfachsten Mitteln erfüllt werden und das kostet Zeit. Hinzu kommt ein pädagogisches Problem, das sich moralisch bemerkbar machen kann: das der mangelnden Gratifikation und Rückkopplung. Weil jeder überall Sauberkeit erwartet, wissen Sie als Putzender nie, ob die Qualität Ihrer Arbeit wirklich anerkannt wird oder nur auf dem Toleranzverhalten des Gegenübers beruht. Man sagt eben nicht: »Hier ist es heute aber schön sauber!«, weil das impliziert, dass es anderswo oder neulich nicht so sauber war, was aber zu erwarten gewesen wäre. Das Nicht-zur-Sprache-Bringen des Schmutzes und seiner Beseitigung hat eine demoralisierende Komponente. Viele Leute können erzielte Sauberkeit nicht anerkennen, weil sie nicht wissen wollen, dass es Schmutz gibt. Zu »dem Schmutz« gibt es auch keinen Gegenbegriff; vieles wäre anders, wenn es als Substantiv »den Sauber« geben würde, der wäre dann wenigstens nominell fassbar. Sauberkeit zeigt sich also in einer Abwesenheit und das ist verdammt wenig. Wäre es nicht wunderbar, sagen zu können: »In meiner Duschkabine sitzt heute wieder der Sauber?«

Man könnte bereits hier philosophieren, ob der Schmutz überhaupt etwas Abgrenzbares ist, wie ein Schmutzfleck, oder eher eine nicht begrenzbare Atmosphäre der Unsauberkeit, die durch das Zusammenspiel von Seh- und Geruchssinn entsteht und deshalb auch getäuscht werden kann. Oder ist der Schmutz nur ein Konstrukt und es gibt ihn gar nicht? Wer das behauptet, hat das Gesetz der Entropie nicht verstanden und kennt auch seinen Körper nicht. Außerdem stammt einiges an Schmutz im Badezimmer von Körperreinigungs- und -pflegemitteln. Aber es ist in der Tat fraglich, was überhaupt als Schmutz gelten kann. Ist Hausstaub z. B. Schmutz? Ich würde sagen »Nein«, aber er kann zu Schmutz *werden*. Wer das versteht, versteht auch Hegels Philosophie, die das Werden noch vor dem Da-Sein ansetzt. Schmutz wird traditionell dadurch gekennzeichnet, dass er haftet oder klebt. Deshalb braucht Schmutz immer einen Untergrund oder ein Gewebe, an oder in dem er haften kann; also etwa Staub in einem Fettfilm auf einem Schrank wie die sogenannte Küchenschmiere. Dann ist der Schmutz wirklich Schmutz und nur mit Wischen, Schrubben, Scheuern und Rubbeln zu entfernen. Erst dann macht

Putzen auch richtig Spaß. *Putzen bedeutet, etwas zu lösen.* Staubwischen markiert also eine definitorische Grenze des Putzens. Leute, die Staubwischen, putzen zwar im eigentlichen Sinne nicht, aber sie tun präventiv etwas dagegen, dass sich Schmutz in der Wohnung bildet. Das ist schon mal was!

Weil Schmutz nicht zählbar ist, ist er auch nicht teilbar. Das Wort »Schmutzpartikel« führt in die Irre. Ein Partikel von was genau soll das sein? Hier hat ein Atomist gedacht, der glaubt, dass alles aus Teilchen besteht. Ihre Wohnung hat nicht 20 oder 138 Schmutze und die haben auch keine Partikel, sondern die Wohnung ist entweder schmutzig oder nicht. Das klingt einfacher, als es in Wahrheit ist, denn »schmutzig« und seine Negation »nicht schmutzig« (vulgo: sauber) sind nicht zwei absolute Zustände und bilden keine abgeschlossenen Kategorien, sondern beinhalten eine Vielzahl von Relationen: die zwischen Flächen und Räumen, zwischen Innen und Außen (Schmutz im Schrank und außen am Schrank), zwischen Oben (Gardinen) und Unten (Teppich), zwischen Organischem (Fett) und Anorganischem (Kalk), zwischen Lebendem (Pilze, Insekten) und Totem bzw. Untotem (Biomüll).

Schmutz in der Wohnung hat eine *Infrastruktur* mit Knotenpunkten, aber kein System und kennt somit auch keine Grenzen. Man kann sich dem Schmutz deshalb nicht kategorisch, sondern nur topisch nähern. Aristoteles muss das gewusst haben, denn bei ihm heißt (griech.) *tópos* sowohl Ort wie auch Raum. Er bestritt, dass es je ein Vakuum geben könne, also einen luftleeren Raum und das bedeutet immer auch: einen staubfreien Raum. Für ihn hat alles einen natürlichen Ort, der eingenommen werden will, und dabei hatte Aristoteles noch gar keine Einbauküche. Einige Menschen, und gerade die, die sich für Physik interessieren, staubsaugen deshalb besonders gerne (im Englischen: *to vacuum*), weil sie sich insgeheim wünschen, dass man auch im Haushalt einen partikelfreien Raum erzeugen kann. Zumindest kann man beim Staubsaugen gut über das Universum nachdenken, das ja wörtlich meint, dass sich das Eine in der Vielheit zeigt und sich damit gegen die Zahl Eins richtet. Und so ist es auch beim Schmutz. Schmutz ist nicht dinglich und hat keine Anzahl, sondern er ist so unteilbar wie Glück. Schmutz zeigt sich nur an den Dingen und man kriegt ihn nie ganz zu fassen. Wenn also jemand sagt: »Hier ist es unfassbar schmutzig!«, dann hat er wahrscheinlich Recht, weil man den Schmutz dann sieht, ohne genau benennen zu können, was man alles Schmutziges sieht. Der Schmutz ist eine nur theoretisch teilbare *Mischung*, aber praktisch unteilbar und beim Putzen nur durch Emulgieren mit Seifenlauge in Lösung zu bringen. Und hier kommt auch ein Hinweis auf die philosophische Lösung ohne Wasser und Seife: Das Unteilbare wird im Lateinischen durch einen Begriff ausgedrückt, mit dem die Neuzeit ihren Anfang markiert – Individuum! Schmutz wie auch Putzen ist wegen der Unteilbarkeit etwas *Individuelles*.

Das heißt weiter, Putzen wird nur dann zum Thema, wenn sich jemand an einem Zustand stört, und oft aus Peinlichkeit nicht mal dann. Es ist wie mit Mundgeruch. In der Tat berührt Putzen die Grenze der Intimität und Leiblichkeit. Trotzdem versuche ich hier, das Putzen der Wohnung vom Reinigen des Körpers theoretisch so weit als möglich zu trennen, denn meist wird es in eins gesetzt und dann religionswissenschaftlich oder psychoanalytisch gedeutet, nicht selten im Zusammenhang mit Schuld. Aber bereits bei den Zwangsstörungen kann man beobachten, dass Menschen, die unter einem Waschzwang leiden, nicht unbedingt ihre Wohnung penibel putzen. Die Gleichsetzung ist ein Vorurteil. Ebenso entspringt es einem Vorurteil zu behaupten, zu putzen sei dasselbe wie Ordnung zu schaffen, woraus oft rückgeschlossen wird, dass unordentliche Menschen auch nicht gerne putzen. Oft ist aber das Gegenteil der Fall, denn wer gerne putzt, hat in einem unordentlichen Haushalt, in dem die Dinge keine festen Plätze haben, viel mehr Spaß beim Putzen. Außerdem sieht man die Dinge meist besser schmutzig werden, weil sie nicht im Verborgenen einschmutzen, schön sortiert und abgelegt. Ja, es ist wunderbar, zwanzig Teelichthalter herum stehen zu haben! Ich versuche diese theoretische Trennung von Körper/Wohnung schon aus dem Grund, weil nach meiner Beobachtung immer weniger Menschen verstehen, dass der Schmutz in der Wohnung von ihnen selbst stammt. Sie glauben, Staub kommt aus dem Weltall oder von der Straße, aber nicht von ihren Hautschuppen. Es gibt also eine gewisse *Entkörperlichung* des privaten Schmutzes, die es noch schwieriger macht, in der Tätigkeit des Putzens einen Sinn zu entdecken. Im Badezimmer, dem Ort der Körperhygiene, ist diese Trennung allerdings nicht mehr ohne Weiteres aufrecht zu erhalten, denn hier entsteht Schmutz, der vom Reinigen des Körpers stammt. Will man diesen Schmutz – z. B. in der Duschkabine – erkennen, muss man vorher anerkennen, auch mal selbst ›schmutzig‹ gewesen zu sein und das immer wieder. Man kann natürlich auch behaupten, Schmutz im Bad bestehe nur aus Kalk und Seifenresten…

Für gutes Putzen gibt es also aus den genannten Gründen – Ignorieren des Schmutzes, Nicht-zur-Sprache-Bringen des Sauberkeitszustandes, gleichzeitig ständiges Erwarten von personalisierter Sauberkeit – keine gesellschaftliche und persönliche Gratifikation, außer, man findet sie *in sich selbst*. Weil das aber die wenigsten tun, hat die Putzmittelindustrie den Glanzreiniger und die Möbel- und Sanitärindustrie die hochglänzende Oberfläche erfunden. In der kann man sich spiegeln, wenn sie sauber ist bzw. zu sein scheint. Und die Selbstbespiegelung ist dann die Gratifikation für das Putzen. Genaugenommen: für das oberflächliche Putzen, das, wie wir sehen werden, die schlimmste Form des Putzens ist, weil sie Sauberkeit suggeriert, wo keine ist. Hier geht es nur darum, sich nicht zu schämen.

Gerade Akademikern bringt das Putzen niemand bei, weil das Schulfach Hauswirtschaftslehre am Gymnasium nicht unterrichtet wird. Dieses Buch ist deshalb in erster Linie für zwei Gruppen von Leser(inne)n gedacht: für seiende und werdende Putzfrauen und -männer, zur Erheiterung und zum Trost, und für Leute, die Putzfrauen beschäftigen, denn die haben beim Putzen die größte Bildungslücke. Außerdem verbringen sie ihre Studentenzeit meist in Wohngemeinschaften, in denen es kein größeres Problem gibt, als wer wann wo putzt bzw. eher nicht geputzt hat. Geplante Revolutionen sind daran gescheitert und das Kommunenleben sowieso. Deshalb, aber nicht nur deshalb, ist das Putzen für viele Akademiker bis heute mit negativen Gefühlen verbunden, egal welchen Geschlechts, ganz anders als das Kochen. Was nicht bedeutet, dass alle anderen wirklich gerne putzen, aber sie haben eine gelassenere Haltung dazu. Meist bleibt es allerdings bei einer lustlos und unvollkommen vollzogenen Tätigkeit, mit der man nie fertig zu werden scheint. Das muss nicht sein. Auch wenn dies kein Ratgeber-Büchlein ist und ich keine Putz-Expertin bin, so möchte ich Ihnen doch heitere und auch ein paar ernste Einblicke in die Vielfalt des Putzuniversums geben, um Sie zu motivieren – vielleicht nicht dazu, unbedingt *mehr* zu putzen, aber *begeisterter* zu putzen. Oder Sie sehen ein, dass Sie das putzen wirklich lassen sollten, aber Ihre Putzfrau auch mal in ein Drei-Sterne-Restaurant einladen könnten. Es geht nicht nur um Arbeitsteilung, sondern auch um die Anerkennung der Arbeit des Anderen.

Denn Putzen ist eine Passion, wenn man es mit einer bestimmten Haltung tut. Aber diese Haltung gegenüber Freunden und Kollegen zu begründen ist nicht einfach. Man glaubt mir nicht – anders, als wenn die Leute sagen: »Ich koche gerne« oder »Ich heimwerke gerne« oder »Ich stricke gerne« oder »Ich habe einen Schrebergarten«. Das ist ok, wenn auch nicht sehr originell. Aber: »Ich putze gerne« – Nein, kann nicht sein! Das ist merkwürdig, handelt es sich doch bei all den genannten Tätigkeiten um solche der Subsistenz: Man bereitet sich Nahrung, Möbel, Kleidung. All das könnten auch andere Leute für einen tun, schließlich leben wir in einer arbeitsteiligen Gesellschaft. Hannah Arendts Unterscheidung zwischen Dingen, die gebraucht werden (z. B. Möbel) und Dingen, die verbraucht werden (Nahrungsmittel), hilft uns hier vorerst nicht weiter. Beim Putzen wird kein Ding hergestellt, sondern ein Zustand der Sauberkeit *an* den Dingen, die schon da sind. Verbraucht wird nur das Putzmittel. Das philosophische Problem beim Putzen ist also, dass hier weder ein *Werk* mit Bestand, noch ein Mittel zum Verbrauch erzeugt wird. Vielmehr wird beim Putzen eine Tätigkeit vollzogen, die, als Dienstleistung tituliert, dem *Arbeiten* zuzurechnen ist und nicht dem Herstellen. Es sei denn, man macht es selber, dann liegen die Dinge anders. Ist man also in seiner Akademiker-Wohnung beim Putzen auf die

Arbeiterklasse zurückgefallen, die im Übrigen nach meiner Beobachtung am besten putzt? Ja und nein. Eine Unterscheidung von Arendt ist sehr wichtig, um die richtige Haltung zum Putzen einzunehmen: die Unterscheidung von Arbeiten, Herstellen und Handeln. Das Putzen gehört, wenn es eine Passion ist, zum *Handeln*! Und das Handeln hat immer auch eine gesellschaftspolitische Dimension, weil man durch Handeln die Welt irgendwie ein bisschen besser machen will, nicht unbedingt sauberer. Wer sich dazu durchringt, zu seinem Vorgesetzten zu sagen »Ich mache einen Frühjahrsputz und brauche deshalb im März eine Woche Urlaub« ist ein politischer Mensch. Denn er bringt etwas zur Sprache, über das sonst nicht geredet wird und zeigt, dass das Private eben doch politisch ist.

Lange Zeit galt der Arbeits- und Dienstleistungscharakter auch für das Kochen, weil man es täglich verrichten muss und die Aufgabe immer wieder von Neuem anfällt; ursprünglich dann, wenn die Familie Hunger oder wenigstens Appetit hatte. Oder man ging als alleinstehender Mann in eine Gaststube oder ein Wirtshaus, wo eine Frau kochte, die eben familiäre Erfahrung im Kochen mitbrachte. Nur im *Restaurant*, das mit der Französischen Revolution entstand, als der Adel seine Köche entließ, kochte seit Ende des 18. Jahrhunderts dezidiert ein Koch, und der war anfangs immer männlich. Seitdem ist einiges an Esskultur passiert, was im späten 20. Jahrhundert, das durch den

Single-Haushalt gekennzeichnet ist, dazu führte, dass immer weniger Leute selbst kochten, sich aber auch das Essen in einer Gaststätte mit Tischtuch nicht mehr leisten konnten. Fast-Food war und ist nicht zuletzt deshalb so erfolgreich, weil es suggeriert, Zeit zu sparen (auf dieses Argument komme ich noch zurück, denn es wird auch beim Putzen wichtig). Die Effekte sind bekannt und werden vor allem von der oberen Mittelschicht und Oberschicht bejammert, die zwar auch keine Zeit zum Kochen, aber Geld zum Konsumieren von *Slow Food* haben. Entschleunigung, Genuss, Gesundheit – drei Schlagworte, die das Fast Food verteufeln. Aber das schnelle Putzen – die Wisch+Weg-Mentalität – nahm gleichzeitig immer mehr zu. Warum ist das so? Und warum beklagt das niemand? Die Folgen sind nicht weniger prekär, wie man am zunehmenden Einsatz von Desinfektionsmitteln in Privathaushalten sehen kann. Es geht hier weder um notwendige Hygiene, noch um komfortable Sauberkeit, sondern darum, möglichst alles (auch an potenziellen Mikroben) schnell ›zu erledigen‹. Außerdem unterstützt der unkundige Einsatz von aggressiven Reinigungsmitteln, und dazu gehört auch selbstgemachter Essigreiniger, die *Wegwerfkultur*, weil man schnell Dinge und Oberflächen beim unsachgemäßen Putzen ruiniert. Mangelnde Bildung im Putzbereich führt also zu mehr Konsum, wenn man ihn sich leisten kann.

Die zunehmende Unkenntnis betrifft auch die Mittel, die zur Ungezieferbekämpfung verkauft werden. In

Wahrheit haben moderne Haushalte viel häufiger ein Problem mit Mehlmotten als mit Bakterien. Früher vermehrten sich Mehlmotten fast nur in Mehl, Nüssen und Kakao. Dafür verkauft man heute die sogenannte »Schrankfalle«, die in die Schranktür geklebt wird und die Motten auf dem Klebefilm verenden lässt. Aber was, wenn die Motte gar nicht im Schrank ist? Denn heute vermehren sich Mehlmotten auch gerne in Bio-Katzenstreu und Blähton für Hydrokulturpflanzen. Aber wer weiß das schon, wenn er nicht tagelang nach dem epidemiologischen Zentrum gesucht hat? Fallen kann man da gar nicht aufstellen. Moderne Materialien und Stoffe werfen neue Fragen der Sauberkeits-Bewältigung auf. Mehlmotten im Haushalt sind DIE Katastrophe des Alltags und sie tritt viel häufiger ein, als zugegeben. Man schämt sich und empfindet eine tiefe Niederlage, wenn man eine Mehlmotte fliegen sieht. Dabei hat ihr Auftreten doch mit der Qualität des Putzens nichts zu tun, sondern mit der Unkenntnis ihrer Lebensweise. Es ist genauso wie mit Kopfläusen, die nicht bedeuten, dass man ungenügende Körperpflege betreibt, sondern die eben auch irgendwo leben wollen. Der Ekel vor ›Ungeziefer‹ ist tief sitzend und Teil des kulturellen Gedächtnisses, selbst wenn wir nur noch ab und an ein Silberfischchen, eine Kellerassel, eine Kakerlake oder gar eine Ratte sehen. Gerade wegen ihrer ubiquitären Abwesenheit ekeln wir uns besonders über ihre zufällige Anwesenheit. Beim Ekel vor der einst pestübertragenden Ratte konnte die moderne Angst vor dem Bakterium ansetzen, obwohl es seit dem Mittelalter keine Zeit gab, in der sich Menschen so eng mit Tieren und Pflanzen (in Blumenerde) im *Wohnraum* umgeben haben wie heute. Und das bedeutet in erster Linie: mit Bakterien. Aber was man liebt, sieht man nicht als kontaminiert an. Das ist wunderbar. Und vielleicht liegt es an der Liebe und ihrem hauptsächlichen Vollzugsort, dass es nur *ein* Ding wirklich geschafft hat, sich von der Aura des Ekels zu lösen und romantisiert zu werden: der Himmel über dem Himmelbett, der einst die blutsaugenden Wanzen vom Niederlassen abhielt.

Es ist kein Zufall, dass zwei große Romane des französischen Existentialismus die Titel tragen *Die Pest* (Albert Camus) und *Der Ekel* (Jean-Paul Sartre). In letzterem ekelt sich der Ich-Erzähler vor den Dingen, die ihn umgeben und ihm sinnlos erscheinen, weil er sie nicht selbst gemacht hat. Er sieht seine Existenz als so zufällig an wie das Leben einer Pflanze oder einer Mikrobe und greift damit das nihilistische Motiv der *ewigen Wiederkunft* auf, der Wiederkehr des immer Gleichen – und das ist, über Sartre hinausgehend, das Motiv des Schmutzes. »Die ewige Sanduhr des Daseins wird immer wieder umgedreht – und du mit ihr, Stäubchen vom Staube!« schrieb Friedrich Nietzsche in *Die fröhliche Wissenschaft* (Aphorismus 341). Illustriert wird dieser Gedanke mit dem Symbol des Ouroboros, dem Selbstverzehrer, dargestellt als Schlange, die sich in den Schwanz beißt. Sie kreist in sich und um sich. Dieses Symbol steht für Autarkie: für eine Form der Existenz, die sich selbst versorgen kann und quasi aus sich selbst lebt. Diese Figur wird bzgl. der philosophischen Problematik noch wichtig, wenn es um den infiniten Regress des Putzens geht und das Putzmittel sich selbst putzen soll (s. Kap. II).

Was Sartres leidenden Ich-Erzähler in *Der Ekel* gleichsam erlöst, ist die Einsicht, dass die eigene erlebte, erzählte Zeit eine unumkehrbare Richtung hat. Nur sie macht Sinn. So kann man aus dem ewigen Kreislauf höherstufig ausbrechen, wenn man ihn sich bewusst macht. Das ist es, was wir dem Putzen abringen sollten, eine Zeit der *Erlebnisse* mit dem Schmutz, der immer auch von uns selbst stammt. Speziell diesen lebensbejahenden Mehrwert können die Putzfrau und der Raumpfleger, die Räume für andere und nicht für sich selbst putzen, gar nicht haben und das ist ein Jammer.

Hier setzt die moderne Kunst an, die den Schmutz in die Anschauung bringt und ästhetisiert. Sehr belustigt nahmen weite Teile der Öffentlichkeit zwei ›Putzskandale‹ zur Kenntnis, die Kunsthistorikerinnen und Kuratoren alles andere als amüsiert haben. Prominent ist der Fall, als eine Putzfrau in der Düsseldorfer Kunstakademie die *Fettecke* von Joseph Beuys einfach wegputzte, weil sie nicht als Kunst erkannt wurde. Gleiches passierte auch dem Kunstwerk *Wenn es anfängt, durch die Decke zu regnen* von Martin Kippenberger, ausgestellt im Ostwall Museum Dortmund. Die durch das Regenwasser kontinuierlich entstehende Patina wurde von einer pflichtbewussten Putzfrau entfernt. Jenseits der Betroffenheit über den ökonomischen Schaden im Wert von 800.000 Euro machte man sich über die Putzfrau lustig, weil sie klare Anweisungen hatte, die Kunstwerke nicht zu berühren. Je mehr die moderne Kunst aber mit materialer Vergänglichkeit arbeitet, wie die *Land Art*, die *Material Art* und die *Bio Art*, desto weniger existiert ein Werk im eigentlichen Sinne. Die Putzfrau hat also bei den Putzskandalen der Kunst eigentlich nur ihre moderne gesellschaftliche Aufgabe erfüllt: dasjenige zu entfernen, was nicht Bestandscharakter hat. Damit steht sie den Motiven des Künstlers vermutlich näher als die aufgebrachten Kunstliebhaber, weil moderne Kunst den Objektcharakter und daher die Verkäuflichkeit in vielen Fällen ebenso verweigert wie sie den Augenblick zu verewigen sucht. Es ist der Schmutz, der am Kunstwerk jeden Tag anders ist und so die Idee des Werks aufhebt. Die moderne Kunst bringt nicht nur Ewigkeit, sondern Vergänglichkeit in die Anschauung – weil die Vergänglichkeit die Differenz in einer modernen Welt ausmacht, in der alles auf Bestandscharakter und Dinglichkeit angelegt ist.

Das kosmologische Motiv der ewigen Wiederkunft, die in vielen Kulturen ein religiöses Motiv ist, hat gerade in den Naturwissenschaften zu Debatten um die Unumkehrbarkeit der Zeit geführt, als man sich im 19. Jahrhundert mit der Thermodynamik auseinandersetzte. Deren zweiter Hauptsatz geht von einem Endzustand der Gleichverteilung von Teilchen aus, wenn keine Energie in das System gesteckt wird (Entropie). Das wäre die vollkommene Unordnung. Lebewesen halten sich dadurch aufrecht, dass sie Grenzschichten bilden und Ordnung herstellen, indem sie dem System Energie zuführen (bei Menschen: Nahrung). Ein vollständig entropisches System ist tot. Putzen bedeutet, Energie in ein System zu stecken und dabei zu entdecken, dass das System nie geschlossen ist, sondern dass Schmutz immer auch von außen hinein kommt und hinein gebracht wird. Die offenen Grenzen der Wohnung, Türen und Fenster, aber auch Abläufe und Abflüsse machen die Lage noch schwieriger. Mit der Thermodynamik ist die Perspektive der Evolution in die Schmutzbetrachtung gelangt, die uns hier weiterführen kann. Denn beim Schmutz kehrt keineswegs das immer Gleiche wieder! Schmutz verändert sich historisch. Zwar bleiben die Zusammensetzungen der Körperflüssigkeiten und Exkremente im weitesten Sinne gleich, aber z. B. die Fasern, mit denen sie sich vermengen können, haben sich durch moderne Textilien und insbesondere Kunstfasern geändert; die Untergründe, auf denen Schmutz haften kann, sind andere geworden und modellieren so bestimmte Schmutzarten. Haare, die einen Teil von Schmutz bilden können, haben sich durch moderne Färbemethoden in der Struktur geändert und bilden rauere Oberflächen (z. B. blondiertes

Haar). Lehm wird im urbanen Raum kaum mehr an den Schuhen von draußen nach drinnen getragen, dafür aber Gummiabrieb und Asphaltstaub. In der Kleidung finden sich heute Rückstände vom Druckertoner, im Gesicht Kosmetik, die Erdölderivate enthält. Und selbst im Bad werden die Schmutzablagerungen nicht nur farblich, sondern auch von der Konsistenz und Viskosität her anders, wenn man das modernere Duschgel im Vergleich zum konventionellen Seifenstück benutzt. Der Schmutz ist also wesentlich innovativer als die Mittel, ihm beizukommen. Aus dieser Relation entsteht die *Unmittelbarkeit* des Schmutzes.

Wieso wird immer weniger wirklich geputzt und wieso wissen wir immer weniger über Schmutz und Ungeziefer? Liegt es daran, an Sartre denkend, dass wir uns immer mehr mit Dingen umgeben, die wir als sinnlos erachten, die aber schmutzig werden und wir keinen Sinn darin sehen, sie zu putzen? Ist es also ein *Konsumproblem*? Mit dieser Haltung putzt der Putztypus des sogenannten Funktionalisten, der nur das putzt, was er auch gebraucht. Denn nur das ist ihm präsent (s. Kap. III). Oder aber würden wir lieber Dinge putzen, wenn wir eine Geschichte über sie zu erzählen hätten? Mit dieser Haltung putzt der Putztypus des sogenannten Analytikers, denn er erkennt, dass das Nicht-Putzen ein Problem der Bedeutungslosigkeit und des Zerfalls der biographischen Identität ist und damit ein Problem des Vergessens und Verdrängens. Denn der Schmutz erzählt eine

Geschichte, er hat ein narratives Element. Wenn eine Beziehung scheitert und man eine sentimentale Ader hat, dann trauert man sogar dem Schmutz nach, den der andere gemeinhin täglich hinterlassen hat (z. B. die Haare im Siphon). Wenn der Zahn der Zeit an den Dingen nagt, wozu immer auch das Einschmutzen gehört, dann kann einen das verstören oder aber zur Besinnung anhalten. »Wieso ist dieses Ding so schmutzig?« meint dann: »Wieso habe ich dieses Ding so lange nicht benutzt?« und weiterführend: »Warum wollte ich es damals haben?«

Es reicht zur Erklärung auch nicht aus, zu behaupten, dass an der Beschleunigung wie Oberflächlichkeit des Putzens die Frauenbewegung Schuld ist, die aus guten Gründen dafür eintrat, dass Kochen und Waschen nicht die Hauptaufgabe von Frauen sein sollten. Als Frauen zunehmend einen Beruf erlernten und ihn irgendwann auch ausübten, blieb weniger Zeit für den Haushalt, so eine gängige Interpretation. Stimmt ja auch, aber seien wir froh, denn zusammen mit der Lebensreformbewegung sorgte die Frauenbewegung dafür, dass es Großwäschereien und Schulspeisungen gab, dass Kleidung weniger aufwändig zu pflegen wurde, dass Wohnungen insgesamt kleiner und funktionaler wurden, etc. Ohne die Frauenbewegung könnten Männer heute ihre Anzüge nicht in die Reinigung bringen. Aber warum finden Frauen nach wie vor Zeit, sich zu schminken? Die Berufstätigkeit der Frau kann nicht der einzige Grund sein, warum das Putzen als ungelöstes Problem der Gesellschaft übrig blieb.

Fakt ist, dass die Frauenbewegung es in erster Linie geschafft hat, die Frauen von den ›Fesseln‹ des Kochens und Waschens zu befreien, aber beim Putzen im Haushalt gnadenlos versagt hat. Und zwar nicht, weil Frauen Männer nicht zum Putzen bewegen konnten, sondern weil Frauen selbst keine Haltung zum Putzen entwickelt haben. Dazu gehört auch, sich für die Zusammensetzung von Schmutz zu interessieren und ihn nicht ständig in Bezug zur vermeintlichen Reinheit und Schönheit des eigenen Körpers zu setzen – wie das Wort »Putzen« nahelegt. Es sei bemerkt, dass man sich »herausputzt«, d. h. »schön macht«. Man mag auch mit einem Augenzwinkern daran erinnern, dass Agnes Pockels (1862–1935), die erste Frau, die, obwohl unstudiert, 1932 die Ehrendoktorwürde der TU Braunschweig bekam, ihre wegweisenden Erkenntnisse zur Oberflächenchemie durch das genaue Beobachten der Grenzspannung und Oberflächenspannung beim Geschirrspülen gewonnen hat. Zumindest wird das so überliefert. Naturwissenschaftliche Durchbrüche in der Labor-Küche gibt es einige, nicht zuletzt weil das Konservieren und Haltbarmachen von Lebensmitteln Aufgabe von Frauen war. Im Bad halten sich die Durchbrüche aber eher in Grenzen.

In einer technikfeministischen Veröffentlichung musste ich vor kurzem lesen, dass die Maschinisierung des Haushalts bei der Frau zu Entfremdungseffekten geführt habe. Gerade die Waschmaschine habe mit dazu beigetragen, dass die Hausfrau des 20. Jahrhunderts zwischen Küche und Bad vereinsamt sei. Früher hingegen habe man noch gemeinsam mit anderen Frauen an den Waschbrettern gestanden und nebenbei auch seelischen Beistand für dies und das erhalten. Nun, diese Sicht auf die Technik wäre diskussionswürdig. Aber festhalten kann man zweierlei: Es ist bis heute so, dass Putzfrauen Männern wie Frauen auch als Gesellschafterin dienen sollen, weil Einsamkeit zuhause in der Tat ein Problem ist (s. u.). Und es bleibt unklar, warum Frauen und Männer gerade die Putztätigkeiten, die jenseits von Wasch- und Geschirrspülmaschine bis heute übrig geblieben sind, nicht zum Anlass nehmen, Gemeinsamkeit herzustellen. Man könnte aus Putzaktionen auch im Haushalt ein Event gestalten, wie es etwa Schulen tun, die einmal im Jahr die Schüler(innen) dazu aufrufen, gemeinsam in den Wald zu gehen, um dort ›aufzuräumen‹. Die Tätigkeit ist dann gemeinschaftsstiftend. Es sei denn, man *genießt* das Putzen *alleine* – weil man seine Ruhe hat und dabei nachdenken und sich entspannen kann. Dann ist das Putzresultat nicht der Zweck der Tätigkeit, sondern die Tätigkeit ist selbstzwecklich – wie bei der Meditation.

Oft haben Frauen eine stärkere Abwehrhaltung gegenüber dem Putzen als Männer, denn wenn es nicht sauber ist, werden in erster Linie die Frauen eines Haushalts dafür verantwortlich gemacht. Diese Prägung durch Schuld geschieht früh und ist schlecht abzuschütteln. Umgekehrt pathologisiert man Frauen, die häufig putzen. Frauen haben dann einen »Putzfimmel« oder sind »Putzteufel«. Dies mag wissenschaftshistorisch betrachtet daran liegen, dass die Konzepte der Hysterie, Psychose und Neurose im selben Zeitraum entwickelt wurden wie die der Sterilisation, Pasteurisierung und Infektionsprävention, vulgo Hygiene: in den 1870er und 1880er Jahren. In diesen Jahren wurden auch wichtige ökologische Termini entwickelt wie Symbiose, Antibiose und Biozönose, in denen es um Formen des Zusammenlebens geht und wie man sich dabei gegenseitig in Schach hält. Es geht hier immer auch um Herrschaftsbeziehungen. Man kann es seitdem vor allem als Frau mit dem Putzen nicht recht machen, weder im gedeihlichen Zusammenleben, noch in Abgrenzungsversuchen im Haushalt. 1875 wurde aber auch der Kniesehnenreflex entdeckt, den man ruhig mal dazu nutzen kann, jemandem gehörig in den Hintern zu treten, der gar nicht putzen möchte. Ein Resultat der unterdrückten Aggressionen ist das seit den 1980er Jahren aufgetretene Phänomen des männlichen *Nacktputzers* – ein Partygag für überwiegend Frauen, der bevorzugt für den Frauenabend vor der Hochzeit gebucht wird. Hier putzt auf Bestellung ein nackter Mann, während die Frauen ihn amüsiert dabei beobachten dürfen. Was vordergründig als Gleichstellungsversuch daher kommt, offenbart doch nur die tiefe Erniedrigung, die Frauen durch die zwei großen »P« erfahren haben und die auch durch die Frauenbewegung nicht gelöst werden konnten: Putzen und Pornographie.

Männer haben übrigens grandiose Anlagen zum Putzen, wie man jeden Samstag an der Autowaschanlage beobachten kann, nachdem das Auto maschinell gesäubert ist. Dann wird Hand angelegt. Und hier sind sich die modernen Geschlechter gleich: Sie pflegen gerne das, was sie lieben, und das sind vor allem *Dinge*, aber nicht das große Ganze bzw. die Umgebung der Dinge: die Wohnung. Ich kenne auch einige Männer, die im Haushalt hervorragend putzen, weil sie die intellektuelle Herausforderung und die systematische Problemstellung erkannt haben. Männer sind deshalb die Käufer von Spezialreinigern, wohingegen Frauen immer noch lieber zum Universalreiniger greifen. Selber schuld, denn durch die Wahl des Mittels (Universalreiniger) wird bereits eine wichtige Vorentscheidung getroffen: für das Säubern von allem zuständig zu sein.

Mehr habe ich in diesem Büchlein zur Geschlechterfrage leider nicht explizit zu sagen. Nur noch so viel: Putzen geht jede und jeden etwas an, weil jede und jeder Schmutz macht. Genauso geht Essen jeden und jede etwas an. Männer wissen das bereits und sie haben es in der Geschichte immer wieder erfolgreich geschafft, konventionelle Domänen der Frauen zu professionalisieren und dadurch höherwertiger zu gestalten, um sie für sich zu nutzen. Sie haben aber immer auch selbst geputzt. Allerdings haben sie es strategisch intelligent geschafft, das Putzen so gut wie nie als Haupttätigkeit namentlich erscheinen zu lassen, z. B. bei den Tätigkeiten der Feuerwehrmänner, Handwerker oder Restaurateure. Das Handwerk des *Gebäudereinigers*, der Fassaden von außen reinigt, ist durch Männer entstanden, die schon vor Jahrhunderten durch die Städte zogen und das Waschen von Wänden, Fenstern und Wagen (!) anboten. Seit 1934 ist es ein offiziell anerkanntes Handwerk, oft unterkomplex tituliert als »Fensterputzer«, das wegen der weiten Verbreitung von Glas als Baustoff seit Ende des 19. Jahrhunderts immer weiter ausgebaut wurde und vor allem durch Hochhäuser auch eine extrem sportliche Herausforderung darstellt. Hier kommen sowohl der Hochdruckreiniger wie der Sandstrahler als auch das Desinfektionsmittel und die präventive Ungezieferbekämpfung zum eigentlichen Einsatz. Das Automobil bzw. den Wagen zu putzen ist ebenfalls von Anfang an männlich codiert. Männer reinigen also den Teil des zu Putzenden, der die öffentliche Seite des Schmutzes ausmacht, wohingegen das Private des Schmutzes traditionell Frauensache ist: Wohnung und Wäsche.

Da Männer sich für Spezialreiniger im Haushalt interessieren, gelangen sie schnell zu Dual-Use-Technologien. So erzählte mir einmal ein Motorradfreak, dass er den widerständigen Schmutz an den Aluminiumfelgen, der durch Bremsstaub, Insektenleichen und Öl entsteht, am besten wegbekommt mit – na? Nein, nicht handelsüblichem Felgenreiniger, sondern Back-ofenspray! Da hat jemand beim Putzen was gelernt. Philosophisch lässt sich hier zeigen, dass Marx Recht hatte, dass nicht die Zwecke die Mittel(chen) bestimmen (Felgenreiniger), sondern dass die Mittel(chen) sich verselbständigen und eigene Zwecke generieren können.

So bin ich also beim Wort »Putzfrau« hoffnungs-froh und verwende es hier begeistert, weil es bezüglich der Beschäftigungsverhältnisse die Realität widerspiegelt. Weil ich an Utopien glaube, spreche ich »Putzfrau« fast schon mit nostalgischer Wehmut aus. Raumpfleger gibt es übrigens immer mehr, aber die putzen in Büros, sie putzen nicht Büros. Nicht, weil sie es nicht könnten, sondern weil sie keiner dafür bezahlen will. Im Büro herrscht Oberflächenkosmetik, was genauer in Kapitel II analysiert wird (Universalis-musproblem). Die Sehnsucht nach sauberer Fassade, bedient durch institutionalisierte Gebäudereiniger, ist durch Raumpfleger nach innen gelangt. Schnell hat sich deshalb der im Zuge der *political correctness* verordnete Begriff der »Raumpflegerin« – statt »Putzfrau« – im Volksmund abschätzig gewandelt in »Raumkosmetikerin«; wenn sie eine Teppichputzmaschine mit Klopffunktion einsetzt, wird sie manchmal auch als »Bodenmasseurin« karikiert. So entlädt sich an den beruflich putzenden Personen eine Kritik an der Oberflächlichkeit des Putzens, die doch eigentlich strukturell bedingt ist. Gerecht ist das nicht.

Umgekehrt hat die Putzfrau es wie kaum eine andere Figur ins Kabarett gebracht, vor allem seitdem Frauen mehr und mehr im Kabarett auftreten. Auch die von Elke Heidenreich erfundene Kunstfigur *Else Stratmann*, eigentlich Ehefrau eines Metzgers, wurde in den 1980er Jahren häufig in Putzmontur mit Kopftuch gezeigt. Bis zur politischen Debatte um das Kopftuchverbot bei Muslimas war den Deutschen das Kopftuch in erster Linie als Kopfbedeckung von Putzfrauen präsent. In der Tat zieht man sich heute gar nicht mehr um, wenn man putzt – Kopftuch und Kittel sind beim Putzen aus der Mode gekommen, was ein weiterer Hinweis auf die zunehmende Deprofessionalisierung des Putzens im Haushalt ist. In der Kriminalsatire *Warum Tote keine Karos tragen* (USA, 1982) erleidet Steve Martin jedes Mal einen psychotischen Anfall, wenn jemand das deutsche Wort »Reinemachefrau« ausspricht – hier wird die unterschwellige Allianz zur Nazi-Ideologie der völkischen Reinigung satirisch betont. »Reinemachefrau« ist in Mitteldeutschland und in Berlin heute noch geläufig. Auch männliche Reinigungskräfte tragen in Filmrollen komödiantische Züge. In *The Terminal* (USA, 2004, mit Tom Hanks in der Hauptrolle) spielt Kumar Pallana einen indischen Putzmann, der mit seinem Wischmopp überall anwesend ist, nicht weiter auffällt und daher an wichtige Informationen gelangt, aber auch Kontrolle über den Ort hat, weil er je nach Situation bewusst Schilder aufstellt mit dem Hinweis »Frisch gewischt«. Ähnliches passiert auch in dem Film *Mad Money* (USA, 2008), in dem drei Putzfrauen *peu a peu* eine Bank ausrauben. Die Putzfrau darf überall hin, ist aber eigentlich nicht ›da‹. In dieser ubiquitären Abwesenheit lauert ihr kriminelles Potenzial.

Wie werden Dienstleistungen im Allgemeinen professionalisiert und dadurch höherwertig? Indem man sie zu Ausbildungsberufen mit Aufstiegschancen macht und sie mit wissenschaftlichen Aspekten unterlegt, über die die Profis in diesen Berufen dann die ›Mitte‹ der Gesellschaft informieren, um sie für diese Tätigkeit zu begeistern (Erziehungseffekt). Die Arbeit des einen wird zum Hobby der anderen. Auch Du kannst ein Profi-Koch werden, der gut und gesund kocht! Günstig ist das dargestellte Gericht meistens nicht; es zeichnet sich häufig durch das *Novelle Cuisine*-Wörtchen »an« aus (z. B. »Schweinemedaillons an Calvados-Pfifferlingschaum«) und ist nur selten für Familien mit Kindern geeignet. Jeder Tag scheint ein Festtag zu sein. Darin liegt eine vordergründige Chance der Emanzipation vom Restaurant, hauptsächlich aber eine Gefahr. Letzteres nämlich dann, wenn die dargestellte Dienstleistung des Kochens von existenziellen Bedürfnissen entkoppelt wird und so medial die Frage verschleiert wird, wer die Arbeit in der Gesellschaft eigentlich *regelmäßig* unter Zeitdruck macht und angemessen dafür entlohnt zu werden hat: Kochen, Putzen, Pflegen.

Noch vor der Jahrtausendwende kamen die ersten Kochshows ins Fernsehen, die immer mehr zugenommen haben. Hier stellt man das Gericht als ein Werk dar, dem ein genialer Plan, eine magische Komposition und eine professionelle Durchführung mit den geeigneten Werkzeugen voraus zu gehen hat. So wurde eine Haltung befördert, die das »Ich muss wieder kochen« transformierte in »Ich koche heute« (und lasse mir keine Pizza kommen, etc.). Der medial inszenierte Koch kocht aber gar nicht mehr, sondern er *kreiert*, und zwar ein Werk, das Bestand zu haben und dadurch unsterblich scheint, ähnlich wie ein hergestelltes Artefakt. So konnte sich die dienstleistende Arbeit des Kochs der gesellschaftlich hoch anerkannten Tätigkeit des Handwerkers und damit dem Herstellen annähern. Das Essen und damit der eigentliche Sinn und Zweck des Kochens ist in Kochshows immer sekundär. Es wird allenfalls am Ende probiert. Es wird auch nie die verschmutzte Küche nach dem Kochen geputzt, und das ist das, was – je nach Gericht – annähernd so viel Zeit kosten kann wie das Kochen. Zeit ist aber heute das knappe Gut und weil wir Putzen als Zeitverschwendung erachten, die keinen höheren Zweck zu erfüllen scheint, wird das Putzen ausgeblendet. Die reproduktive Arbeit beim ›angeleiteten und überwachten Selber-Machen‹ des *Do it yourself* wird also verschwiegen, die produktive Arbeit wird inszeniert. Genauso ist es bei »Handwerker-Doku-Soaps« (z. B. »Zuhause im Glück – Einzug in mein neues Leben« von RTL). Niemand beseitigt die Überreste und fährt Dinge zum Schrott, bringt den Müll weg etc., bevor die glückliche Familie, die finanziell immer schuldlos in einer prekären Situation ist, den Schlüssel für ihr neu gestaltetes Heim ausgehändigt bekommt. Bis zuletzt scheint nur gesägt, gebohrt und gedübelt zu werden. Dann ist das Werk fertig. Wenn die existentielle Realität wirklich einsetzt, das Essen fertig oder die Wohnung bezugsfertig ist, ist Schluss. Das heißt, etwa das Kochen wird von der existenziellen Bedürfnissicherung (»Hunger«) entkoppelt und als gehobener Lebensstil vorgeführt – aber dem Putzen ist es bislang nicht hinreichend gelungen, sich vom Schmutz zu entkoppeln, obgleich doch die hygienischen Bedürfnisse zum Überleben dank moderner Reiniger schon mit etwa zweimal Putzen im Jahr erfüllt wären. Immer noch fehlt das Werk, das *it* des *Do it yourself*. Dies ist zunächst bemerkenswert, weshalb wir noch ein wenig in die Tiefe gehen wollen. Denn das *it* kann die Wohnung als eine Vielheit von persönlichem Einzelnem sein (ein Pluraletantum), es können Dinge und Sachen sein, es kann die Tätigkeit des Putzens sein und damit letztlich auch: Man selbst. Putzen stünde dann sogar im Dienste der Selbstverwirklichung, selbst wenn es eigentlich gar nichts zu verwirklichen gibt. So wie beim Kochen.

Koch ist entgegen landläufiger Meinung kein Handwerksberuf, sondern ein Ausbildungsberuf, wohingegen der Bäcker seit Jahrhunderten als Handwerker gilt. Mit der Hand zu arbeiten macht einen noch nicht zum Handwerker, denn das Handwerk wird institutionell und gesellschaftstheoretisch begründet. Es beruht auf dem Zunftwesen, das sich im Mittelalter entwickelt hat und an eine außerklösterliche Freiheitsidee gekoppelt ist. Selbst wenn Bäcker und Koch sehr ähnliches tun, sind ihre Berufe sozialhistorisch betrachtet völlig verschieden entstanden. Der Bäcker war schon im 11. Jahrhundert ein freier Mensch, zunächst noch gebunden an die Technik der städtischen Backöfen, wohingegen der Koch sich bis zur Französischen Revolution ausschließlich in feudalen Herrschaftshäusern professionalisierte. Der Koch war im Wesentlichen unfrei. Beim Bäcker kann man auch eher an die Herstellung eines langlebigen Produkts denken, das Bestand hat, denn ein Holzofenbrot mit fester Kruste hält bei guten Lagerungsbedingungen zehn Tage, eine Bouillabaisse nicht. Der Handwerker, aber auch der Koch oder die Köchin, putzt Geräte und Werkzeuge traditionell immer selbst, weil dies zur Instandhaltung der beruflichen Ausgangsbasis gehört; anders als Tellerwaschen, das als reine Hilfstätigkeit angesehen wird (Küchenhilfe).

Das Waschen und Putzen für Andere hat eine lange feudale Tradition, die früher in einzelne Personengruppen wie z. B. Wäscherin, Dienstmädchen und Butler aufgeteilt war. Ihnen waren bestimmte Dinge und Materialien zugeordnet, die auch eine Geschlechterkomponente haben: Textilien, Glas und

Porzellan wurde von Frauen geputzt, Leder und Holz gehörten in das männliche Hoheitsgebiet. Je höher man im Rang aufstieg, desto weniger kam man mit Schmutz in Berührung (weißer Kragen). Jeder wusste genau, was er zu putzen hatte: das Dienstmädchen das Silber und das Kristall, der Butler die Schuhe und auch das Jagdgewehr des Hausherrn, der Kutscher die Lederriemen der Kutsche. Immer war das Putzen dabei eine *Nebentätigkeit* neben der Hauptaufgabe. Persönliche Dinge der Herrschaft zu putzen (z. B. die Kämme und Haarbürsten), garantierte einen höheren Rang im Haus, weil es das Teilen von Intimität und damit *Diskretion* verlangte. Das Vorbild dafür war die aus dem Adelshaushalt bekannte Kammerzofe bzw. der Kammerdiener, von denen man noch dazu eine Würde im Auftreten und die Fähigkeit zur geistreichen Unterhaltung verlangte (vgl. die wunderbare Studie *Der Diener* von Markus Krajewski, 2010). Es war daher nicht selten und ein Zeichen von Anerkennung, dass man sich während der Ausführung der leichten Putztätigkeiten wie dem müßigen Polieren mit der Dienerschaft vom eigenen Sessel oder Schreibtisch oder der Staffelei aus auch *unterhielt*. Zwischen demjenigen, der den Müßiggang zur Schau stellen konnte, und demjenigen, der arbeiten musste, gab es das Band der leichten Konversation, das die soziale Kluft oberflächlich überbrückte. Die gemeinsame Unterhaltung galt gerade für die feinen Damen des Haushalts, die mehr Zeit zuhause verbrachten als die Herren.

Diese Sicht ist heute leider verloren gegangen, was u. a. daran liegt, dass Müßiggang abhanden gekommen ist und jegliche Zeit effektiv genutzt werden muss. Das Konzept der Arbeitsteilung hat alle Bereiche durchdrungen. Private Arbeitgeber sagen deshalb oft ohne nachzudenken und in der Illusion, dass sie ihre privaten Dinge selbst putzen und die Putzfrau nur für's ›Grobe‹ brauchen (z. B. Boden wischen, Bad putzen, Fenster putzen), dass sie eine »Putzhilfe« beschäftigen, womit die Fertigkeiten so degradiert werden wie beim Wort »Küchenhilfe«. Mit einer Putzhilfe unterhält man sich eher nicht. Aber was gibt es Privateres als das Badezimmer, das man gerne durch eine Putzhilfe putzen lässt? Was denkt sie über all die privaten Dinge und Schmutze, die sie dort sieht? Wir wollen es eben gar nicht wissen. Manchmal heißt die Putzhilfe heute auch »Zugehfrau«, weil sie einmal die Woche vorbeikommt und zur Hand geht. Noch im 19. Jahrhundert hieß sie in kleinbürgerlichen Haushalten »Stundenmädchen«. In dieser Sicht gibt es von Anfang an keine Möglichkeit des Aufstiegs, wenn man seine Sache gut macht. Weil man nicht im selben Haushalt lebt, kann man sich mit ihm auch nicht identifizieren. Man bleibt Putzhilfe. Es gibt aber auch keine Haupttätigkeit, die über das Putzen hinaus ginge, wie noch beim Butler oder Dienstmädchen, die auch serviert haben. Schlecht bezahlt wird die Leistung ohnehin, man kann sich allenfalls etwas dazu verdienen, aber kaum vom Putzen leben. Der gnädige Herr oder die gnädige Frau ist der/die, die in der Eigenwahrnehmung heute wirklich putzt. Von wegen! Meist hat die moderne gnädige Frau unbewusst die Funktion der Hauswirtschafterin des 19. Jahrhunderts eingenommen, die den Haushalt zu überblicken versucht, aber selbst nicht Hand an den Schmutz legt, obwohl es doch meist ihr eigener ist.

Bei höherwertigen Putztätigkeiten handelte es sich schon früher immer um *Pflegetätigkeiten*, z. B. das Fetten und Polieren. Glanz ist ein Relikt der herrschaftlichen und das heißt der feudalen und großbürgerlichen Lebensweise, in der wenige Menschen einer Gesellschaft Edelmetalle, Porzellan, hochwertiges Glas und Holzmöbel aus Mahagoni und Kirsche um sich hatten. Letzteres, weil jene Hölzer im Vergleich zu Nadelholz (Kiefer, Fichte) wunderbare *Poliereigenschaften* haben. So wurden Möbel minderwertiger Holzarten auch oft mit ihnen furniert. Ein Perserteppich, der glänzt, weist daraufhin, dass er mit einer hohen Knotenzahl und das heißt eng geknüpft ist und dass er einen hohen Seidenanteil enthält: Solch ein Teppich ist sehr teuer. Er lässt auch fast keinen Schmutz ins Innere des Gewebes gelangen, wenn man ihn nicht gegen den Strich staubsaugt.

Alles was glänzt, scheint nicht porös zu sein und deshalb dem Schmutz keinen Untergrund geben zu können, an dem er sich festhalten kann. Das ist eine alte Einsicht, die durch die Mikroskopiker des 17. Jahrhunderts erschüttert wurde, als sie erkannten, dass alle

Materie bei genügend hoher Vergrößerung porös ist; von dem Schock haben sich einige immer noch nicht erholt, die liebevoll über die Glattheit ihres nanobeschichteten Waschbeckens streichen. Deshalb machen Menschen heute noch, ohne ihre großbürgerlichen Sehnsüchte zu erkennen, am liebsten eines: Glanz erzeugen. Denn Glanz ist etwas Aristokratisches. Mit Putzen hat das nicht notwendigerweise etwas zu tun, sondern mit dem Putz, d. h. der Fassade. Die am schönsten glänzenden Möbel entstammen dem Rokoko und damit aus einer Zeit, in der man auch vom körperlichen Waschen nicht so viel hielt, sondern lieber puderte: die Haut und die Perücken. Fett durch Puder zu binden, d. h. die Allianz von Talg und Talkum zu nutzen, war weniger unhygienisch als man heute denkt. Eine zweite Hochzeit erlebten polierte Möbel im Biedermeier, als man den Barockstil des späten 18. Jahrhunderts verehrte und der Kleinbürger dem feudalen Lebensstil irgendwie auch nachtrauerte, weil deutlich wurde, dass er nicht mehr zurückzuholen sein würde und damit gänzlich unerreichbar schien. Wenn man sich nur ein auf Hochglanz polierbares Möbelstück leisten konnte, entschied man sich häufig für die Anrichte, die im Speisezimmer den Gästen den Glanz zeigen sollte. Lackmöbel, diesmal aus Plastik, erlebten in den späten 1960er und frühen 1970er Jahren eine Renaissance und damit in einer Zeit, in der die negativen Folgen übermäßiger Körperhygiene ebenso diskutiert wurden wie die politische Dimensi-

on des Begriffs »Reinigung«. Erst dann kam der Trend
zum rauen, unbehandelten Naturholz, der nicht nur
eine ökologische und ökonomische, sondern oft auch
eine politische Aussage ist. Das Holz wird in seiner
Porosität und Durchlässigkeit so angesehen, wie die
Gesellschaft – anders als bei den versiegelten Oberflächen des Lackes. Zurzeit sind hochglanzlackierte
Oberflächen wieder sehr in Mode und das sollte uns
zu denken geben.

Wirkliches putzen, d. h. mit Seife, Wasser und
Eimer, war immer schon eine niedrig erachtete Tätigkeit. Wer sich bodennah aufhielt, gar auf den Knien
schrubbte, war auch sozial ganz unten angesiedelt, beispielsweise die Scheuermagd. Eine gewisse Ausnahme
bildeten und bilden die Werkstätten von Handwerks-
betrieben, denn hier putzt der Lehrling den Boden,
der aber immer weiß, dass er zum Gesellen aufsteigen
kann und irgendwann nicht mehr putzen muss. Den
Überblick über alle anfallenden Haushaltstätigkeiten
sowie die dafür notwendigen Anschaffungen hatte
in großbürgerlichen Häusern die Hauswirtschafterin. Ihr Aufgabengebiet war im wahrsten Sinne des
Wortes ökonomisch, d. h. sie war für die Gesamtheit
des (griech.) *oikos*, des Haushalts, zuständig. Dabei umfasste der Haushalt auch die Arbeitsräume
und diverse Stallungen. Die Hauswirtschafterin des
großbürgerlichen Haushalts putzte selbst nie, hatte aber die Kontrolle, z. B. auch über die korrekte
Lagerung und Bevorratung von Lebensmitteln (die

auch Putz- und Pflegemittel waren wie Salz, Fett, Natron, Zitronensäure und Essig), über den Status der Ungezieferbekämpfung und über die häufigen Umzugsvorbereitungen für den Wechsel zwischen Stadt- und Landsitz der Familie. In kleinbürgerlichen Haushalten wurde sie dann reduziert zur Haushälterin, auch »Perle« genannt, weil sie irgendwie alles für den Haushalt Wichtige wusste, konnte, besorgte und pflichtbewusst auch erledigte. Eigentlich wurde sie eine universale Form des Dienstmädchens. Mehr Personal konnte man sich nicht leisten.

Wenn Sie eine Putzfrau haben, dann fragen Sie sich einmal ehrlich: Was soll sie für Sie sein – Scheuermagd, Dienstmädchen, Hauswirtschafterin oder Kammerzofe, die auch einen Unterhaltungswert hat? Einige Menschen erwarten heute von ihrer Putzfrau, wenn sie sie »Perle« und nicht etwa »Putzhilfe« nennen, die systematische Umsicht einer Hauswirtschafterin, selbst wenn diese damals gar nicht die spezifischen Fertigkeiten für einzelne Reinigungstätigkeiten mitbringen musste. In den Schulen, z. B. an den Haupt- und Realschulen, wird Hauswirtschaftslehre auch heute noch als Fach unterrichtet, mittlerweile für beide Geschlechter, wobei das Putzen im Vergleich zum Kochen und zur Ernährungslehre auch dort immer mehr ein Schattendasein fristet. Eine kluge Putzfrau wehrt sich deshalb gegen überzogene Ansprüche des Wohnungsbesitzers, dass alles ohne Weiteres durch eine Person sauber werden muss und ohne, dass sie ökonomisch am Haushalt teilhat, z. B. mit folgendem Satz: »Ich kann die Gardinen nicht waschen, wenn kein Gardinenwaschmittel da ist!« Deshalb bestehen viele Putzfrauen in Privathaushalten darauf, das Putzmittel selbst mitzubringen und die Kaufquittung dann der Herrschaft zur Erstattung vorzulegen. Das bedeutet zwar einerseits eine gewisse Emanzipation der Putzfrau von der Begrenztheit der zur Verfügung gestellten Mittel, andererseits aber auch, dass sich die Herrschaft noch weiter vom Schmutz entfernt, als sie es ohnehin schon getan hat.

So müsste man also dem Selber-Putzen einen höheren Sinn geben, nur welchen (s. Kap. II)? Blicken wir wieder auf das Selber-Kochen, das als sinnstiftende Komponenten das Erreichen von Genuss, Gesundheit, Geschick und – man mag es kaum glauben – auch Hygiene beinhalten soll. Letzteres mit dem häufigen medialen Hinweis darauf, dass die vorgefertigten Mikrowellengerichte, weil sie ja nur kurz durch Strahlung Energie aufnehmen, viel mehr Keime enthalten als eine lange vor sich hin köchelnde, selbstgemachte Speise. Ich erwähne das deshalb, weil es in Europa gerade eine gesellschaftspolitische Auseinandersetzung gibt, ob man sich beim Lebensmittel wirklich nach dem Mindesthaltbarkeitsdatum zu richten hat oder von den Firmen und dem Handel arglistig getäuscht und zu mehr Konsum angeregt wird. Bitte, werfen Sie ein mehrere Tage abgelaufenes Mikrowellengericht doch in den Müll! Es wäre genauer zu untersuchen,

wie man heutzutage im Sinne der gesundheitsbe-
wussten Ernährungserziehung die Leute vom Fer-
tiggericht abzubringen versucht, indem man ihnen
suggeriert, dass das selbst Gekochte immer auch am
besten schmeckt – was ich bezweifeln würde. Oder
geht es um den ideellen Lohn der eigenen Arbeit? Gilt
dann nicht auch: In der selbst geputzten Wohnung
lebt es sich am besten? Aber warum gibt es dann keine Putzshows? Ich stelle mir das manchmal vor, wie
man eine völlig verkalkte und mikrobiell besiedelte
Fliesenwand in ein TV-Studio karrt und dann professionell zeigt, wie man sie reinigt und sich wieder in
ihr spiegeln kann. Das wäre dann das Standbild vor
dem Abspann: die glänzende Fliesenwand, die Fugen
mit einem Fugenweißstift sauber aufgefrischt. Aber
das gibt es nicht, weil das Putzen in der gesellschaftlichen Wahrnehmung nicht professionalisiert ist. Anders gesagt: Koch ist ein anerkannter Beruf. Deshalb
geben in Kochshows die Profi-Köche Ratschläge an
Hobbyköche, wobei letztere dadurch einen Akt der
Professionalisierung durchleben: »Ich kann es auch!«.
Deshalb dürfen die Aufgaben auch nicht zu schwierig
sein, sonst bleibt der Erfolgs- und damit der gesellschaftliche Erziehungseffekt aus. Immer wieder wird
zum Beispiel das korrekte Zwiebelschneiden gezeigt,
was doch eigentlich völlig unwichtig ist. Wann endlich
zeigt mir eine Profi-Putzerin aus einem imaginären
5-Sterne-Putz-Tempel, wo man für 800 Euro pro
Tag Weiterbildungsseminare machen kann, wie man

richtig Silber putzt? Wenn man schon den feudalen Lebensstil im kleinbürgerlichen Privathaushalt anstrebt, dann doch bitte richtig!

Die Arbeit von Putzfrauen und RaumpflegerInnen wird im Wesentlichen immer noch als unprofessionell wahrgenommen, weil man keine Ahnung hat, wie komplex die Aufgabe des Putzens ist. Dabei wäre das intellektuell schon daraus abzuleiten, dass man sich vor Augen führt, wie komplex »Schmutz« zusammengesetzt sein kann, wie und wo er haften kann und wie er sich verbreiten kann. Um gut putzen zu können, braucht man beispielsweise fortgeschrittene Kenntnisse in Materialkunde und Chemie. Oder können Sie auf Anhieb erklären, was »anionische Tenside« auf dem Etikett der Putzflasche bedeutet? Und warum Putzwasser möglichst warm sein soll? Auch hier könnte man von der Inszenierung des Kochens lernen. Wieso wird einem in Kochshows erklärt, dass man die Kräuter erst am Ende des Kochens in die Suppe gibt, damit die leicht flüchtigen ätherischen Öle das Aroma noch am Tisch entfalten können – aber wieso erklärt einem in dieser Gesellschaft niemand, dass man Staub mit einem Staubwedel nur umverteilen, aber niemals beseitigen kann? Dass Ölbäder gut für die Haut sind, aber einen Fettrand in der Badewanne hinterlassen und daher gut bedacht sein wollen (im Gegensatz zum Schaumbad)? Dass sich Staub bevorzugt in Steckdosen sammelt und aus Angst dort meist nicht entfernt wird (weil man nicht weiß, wie)? Dass man durch Fegen mit einem Besen aus Kunststoffborsten, insbesondere auf Kunststoffböden wie Linoleum, den Boden elektrostatisch auflädt und Staub dadurch besonders gut haftet? Und dass Dunstabzugshauben über dem Kochherd eigentlich nur einen Zweck vollständig erfüllen: Sie geben Anlass zum Putzen. Und zum Verzweifeln, weil die passenden Aktivkohlefilter nach spätestens zehn Jahren nicht mehr lieferbar sind. Mit allen technischen Neuerungen und Innovationen, die in Wohnungen Einzug gehalten haben, muss das Putzen theoretisch und praktisch mithalten können. Omas Tipps für die alte Emaillebadewanne gelten nur noch eingeschränkt für die jüngere Emaillebadewanne und gar nicht mehr für die Acrylwanne (Lassen Sie um Himmels willen das Scheuerpulver weg!). Das ist eine gesellschaftliche Herausforderung. Über die Konsequenzen dieser Bildungslücke macht sich aber niemand ernsthafte Gedanken. Ganz anders als bei der Gesundheitspolitik, die systematisch das Individuum in die Verantwortung für seine Gesundheit nimmt und es beständig zu Sport und gesunder Ernährung antreibt, bleibt dies beim Putzen aus. Die Informiertheit des Bürgers bezüglich seines Gesundheitszustandes ist indirekt proportional zur Informiertheit darüber, wie man die teuer gekauften Dinge sachgerecht instand hält. Einzig die Garantievorgaben der Hersteller verlangen, die beigelegten Pflegeanleitungen so genau zu studieren wie den Beipackzettel eines Medikaments. Aber wer hat dafür schon Zeit? Mehr noch, wenn er zwei Stunden pro Tag damit beschäftigt ist, gesund und ereignisreich zu kochen?

Nicht zuletzt aus Unkenntnis werden die meisten Verbraucher zu Opfern der Putzmittelindustrie, die vor Jahrzehnten das Motto entwickelt hat »Mit einem Wisch ist alles weg«, gefolgt von den Mottos »Ohne Wischen!« und »Nicht nur sauber, sondern rein!«. Es geht also zunehmend um die *Vermeidung der Handarbeit* und damit um die Vermeidung des Putzens, für die paradigmatisch das Wannenspray steht. Bei der Sprühreinigung – so der Fachausdruck – braucht es scheinbar nicht mal mehr einen Wisch. Angeblich kann man Badewanne oder Duschtasse damit aus sicherer Distanz vor dem bösen Schmutz einsprühen und ihn dann mit der Brause abduschen, der Schmutz verläuft sich unangetastet im Ausguss. Millionen kaufen diese Sprays mit den drehbaren Düsen und täuschen sich, wenn sie sprühen. Die erzeugte Vernebelung beeinträchtigt nicht nur viele Armaturen, weil das Putzmittel so direkt und ohne Verdünnung mit Wasser in Dichtungsritzen eindringen kann, sondern sie vernebelt auch die Urteilskraft. Denn richtig ist, dass man, wenn man es sauber haben will, doch immer noch die Hand benutzen und Druck auf den Schmutz ausüben muss. Haben Sie je getestet, wie fest Schmutz in einer Fliesenfuge sitzt? *Aspergillus niger* bzw. der gemeine Schwarzschimmel lacht über jedes Wannenspray, nicht aber über die Wurzelbürste.

Die Militarisierung des Alltags hat nicht mit den Überwachungskameras begonnen, sondern mit dem Wannenspray. Das Wannenspray ist ein ideologisches Produkt, verkauft in einer Pistole. Es geht hier nicht etwa darum, die Spraydose mit Treibgas aus ökologischen Gründen abzuschaffen. Es geht um die Bewaffnung im Haushalt. Denn die Sprühpistole führt zu einem Ermächtigungsgefühl beim Nutzer, weil sie glauben macht, dass der Mensch seinen Schmutz aus der Distanz bekämpfen, wenn nicht gar bekriegen kann. Es wird gekämpft im Angesicht des Feindes. Deshalb hat die drehbare Sprühdüse zwei Einstellungen: eine zum zielgenauen Treffen des Feindes mit einem Putzmittelstrahl, eine zu seiner großflächigen Auslöschung mit einem Sprühnebel. Zum Teil liegt dies an einer besseren Bildung der Bevölkerung, die ja erst zur Hygiene erzogen werden musste und seit gut hundert Jahren ständig über Bakterien informiert wurde, dann kamen die Viren, dann die Prionen, nebenbei erwähnte man auch immer mal wieder die Pilze. Zur Zeit ist das Thema »Legionellen in Whirlpools« ein heißes Eisen.

Die größten Putzherausforderungen der industriellen Moderne liegen nicht, wie die Frauenbewegung einst glaubte, in der Küche, weshalb sie bis heute die Einbauküche als sinnvolles Produkt feiert, sondern im Bad- und Sanitärbereich. Hier gibt es im Vergleich zu den früheren Feudalanwesen die meisten technischen Neuerungen und Vermehrungen der Ansprüche, auch was das Material betrifft: Aluminium, beschichtete MDF-Spanplatte, Acryl, Silikon, Chrom, Kunststoffglas, um nur einige neuere Materialien in Badezimmern zu erwähnen. Seitdem Bäder nicht mehr der Körperhygiene dienen, sondern zu Wellness-Oasen mutieren (mit weiteren ungewohnten Badmaterialien wie Kork und Bambusholz), seitdem Duschkabinen nicht mehr das Spritzwasser abhalten, sondern in Klarglas den voyeuristischen Blick auf den Reinigungsakt erlauben sollen (wem eigentlich?), seitdem WCs nicht mehr der Verrichtung der Notdurft dienen, aber auch kein »stilles Örtchen«, sondern eine intime Pflegestation sein sollen, ja seitdem gilt es einiges dazu zu lernen beim Putzen. Über eine Entwicklung freue ich mich besonders und ich weiß gar nicht, ob die Frauenbewegung oder der demographische Wandel (die altersbedingte Angst vor dem Ausrutschen in der Dusche) maßgeblich etwas damit zu tun hat: Das Bidet ist wieder da! Intimhygiene wird ja mittlerweile öffentlich diskutiert, als Nebeneffekt der Pornographisierung der Gesellschaft. Ein Bidet soll jüngst auch zeigen, dass die ›besonders schmutzigen‹ Stellen des weiblichen Körpers mehrfach am Tag gewaschen werden und der Körper dadurch ständig für den Anderen einsatzbereit ist. Dabei geht es auch um die Inszenierung konstanter sexueller Verfügbarkeit und des ›schnellen Sexes zwischendurch‹ – denn man hat keine ans Korsett geknöpften Reifröcke mehr, die das vollständige Entkleiden zum Körperwaschen einst zu einer zeitraubenden Tätigkeit werden ließ. Das Bidet als französische Erfindung des 18. Jahrhunderts ist vor allem in den katholisch geprägten Ländern Südeuropas und Lateinamerikas häufig anzutreffen und war nie verschwunden. Hier lange als überflüssig erachtet, wird das Bidet jüngst wieder in deutsche Badezimmer eingebaut. Und sei es auch nur deshalb, um seinen Mohairpullover darin einzuweichen.

Fast unbemerkt hat sich der Anspruch entwickelt, dass Wohnungen nicht nur sauber, sondern *rein* sein müssen. Dieser Anspruch hat sich in den letzten drei Jahrzehnten vom Wäsche-Waschen auf das Putzen übertragen, denn Wäsche wird heute aus verschiedensten Gründen (Material- und Farberhalt, Energiesparen, etc.) nur noch ganz selten gekocht oder geblichen. Die Hersteller von Putzmitteln sind immer identisch mit denen von Waschmitteln; beide gehören zur chemischen Industrie. Die Sauberkeit von Wohnung, Kleidung und Körper stand einst in einem engen Zusammenhang und zeigte den anderen, dass man eben »reinlich« ist. Die Kaskade Wohnung, Kleidung, Körper war für Menschen in bzw. aus Armen- und Arbeitervierteln immer verhängnisvoll, weil man aus den schlechten Wohnbedingungen mit mangelnder Kanalisation schloss, dass der betreffende Mensch auch insgesamt »schmuddelig« sein muss, egal wie sauber er gewaschen und angezogen war. Gerade aus diesem Umstand der tief verwurzelten Angst vor dem sozialen Abstieg ergibt sich für die Mittelschicht der

Druck, es ständig überall sauber haben zu müssen. Es gibt also eine Wechselbeziehung zwischen Innerlichkeit und Äußerlichkeit des Schmutzes, die ideologisch missbraucht werden kann. Geblieben ist, dass man von einer reinlichen äußeren Erscheinung auf eine »reine Seele« und ein anständiges Verhalten schließt (»blitzsauberes Mädchen«, »weiße Weste«, »Der ist ja nicht ganz sauber!«). Dieses Urteil wird meist im öffentlichen Raum gefällt und ohne Kenntnis der Sauberkeit der Privatwohnung. Die theoretisch wichtige, hier aber nur teilweise beantwortete Frage ist, inwieweit die Wohnung eigentlich noch als Erweiterung des Leibes betrachtet wird. Einige putzen Wohnungen wie einen Körper, den sie durch Sport ertüchtigen, der sie aber nicht mehr selbst sind. Andere distanzieren sich durch zunehmende Abwesenheit leiblich von ihrer Wohnung, u. a. aus beruflichen Gründen. Es gibt einen Unterschied zwischen Wohnen und sich in der Wohnung aufhalten. Gerade der letzte Fall ist durch die ›Globalisierung‹, den Anspruch auf Mobilität und durch den Zeitdruck nach meiner Beobachtung der häufigere. Deshalb gibt es Menschen, die ihre Anzüge und Kleidungsstücke begeistert in die Reinigung tragen, aber zuhause nicht putzen, denn da sieht es ja keiner. Und weil das so ist, ist es eine der Hauptaufgaben der Putzmittelhersteller, dem Nutzer dabei zu helfen, im Ernstfall möglichst schnell Reinlichkeit *vorzutäuschen*, ohne Sauberkeit zu erreichen. Die Maskerade funktioniert über die Täuschung zweier Sinne:

Der Geruchssinn wertet »Frischeduft« als Reinheit, der Sehsinn nimmt Glanz als Sauberkeit und Gepflegtheit wahr. Glanzstoffe können Schmutz perfekt maskieren. Einige Putzmittel sind quasi Make-Up für die Wohnung. Deshalb ist es wichtig, dass Sie wissen, welcher Putztyp Sie eigentlich sind (s. Kap. III). Außerdem können Sie so andere hinter ihrer Maskerade erkennen und sich ggf. selbst eine Maske zulegen, wenn es nötig ist.

Immer wieder geht es natürlich auch um Hygiene und zunehmend mehr. Dies erläutere ich später am Beispiel des Erfolgsprodukts *Sagrotan*. Einige Menschen verstehen nicht, dass dem Begriffspaar Schmutzigkeit/Sauberkeit eine Dialektik innewohnt, die empfindlich gestört wird, wenn man den Begriff »Krankheit« dazwischen schiebt. Denn Krankheit scheint immer etwas Absolutes zu sein, was sich nicht relativieren lässt. Ich habe eingangs gesagt, dass sich Sauberkeit in einer Abwesenheit zeigt: der von Schmutz. Analog zeigt sich Gesundheit in der Abwesenheit von Krankheit. Beides, Gesundheit und Sauberkeit, wird also nur geschätzt, wenn man es jeweils in einen starken Kontrast setzt, der der *Möglichkeit* nach besteht: Krankheit und Schmutzigkeit. Das Parallelisieren beider Kontrahenten war der Erfolg des Hygienediskurses, der zivilisatorische Fortschritte erzielt hat (Modernisierung des Abwassersystems, Desinfektionsmittel, bessere Krankenhaushygiene). Weil jeder Mensch mit Schmutz im Leben schon einmal Erfahrung gemacht hat, nicht aber mit einer lebensgefährlichen Infektionskrankheit, wird die Möglichkeit des einen (Schmutz) auf die Möglichkeit des anderen (Krankheit) oft ohne weiteres übertragen. Dabei macht man eigentlich einen Kategorienfehler. Die Zunahme von Allergien hat bekanntlich gezeigt, dass Gesundheit und Sauberkeit zwar eine konstruktive Beziehung haben mögen, die aber durch den maßlosen Anspruch auf Reinheit wieder zerstört wird.

Obwohl Pest und Cholera in Europa so gut wie nicht mehr vorkommen, ist die Angst vor Seuchen geblieben. Während deutsche Krankenhäuser, die mit ihren Sterilisations- und Desinfektionstechniken einst Vorbild für den Reinheitsanspruchs waren, ihre professionell hygienisch ausgebildeten Reinigungsfachkräfte abgebaut und durch Büroreinigungskräfte ersetzt haben, was bzgl. gestiegener Infektionsraten traurige Konsequenzen nach sich zieht (gepaart mit der vermehrten Ausbildung von resistenten Keimen durch ein Zuviel an Antibiotika), rüsten sich die Privathaushalte auf im Krieg gegen die Mikrobe, der immer verloren wird, verloren werden *muss*. In einigen, aber wenigen Privathaushalten ist es heute reinlicher als im OP-Saal, nicht zuletzt dank des Einsatzes der »chemischen Keule« – eine wunderbare Metapher, die zeigt, wie archaisch unsere Waffen gegen den angeblichen Feind geblieben sind. Immerhin musste man mit der Keule noch selbst zuschlagen, anders als mit den modernen Handfeuerwaffen sprich Sprühpistolen. In den meisten Wohnungen ist es allerdings weder rein, noch auch nur sauber, weil die Stärke des Putzmittels dazu verführt, weniger zu putzen und den Putzlappen auch nicht mehr mit der Hand zu berühren. In der unsichtbaren Differenz zwischen Sauberkeit und Reinheit liegen viele Milliarden Leichen von Bakterien und Pilzen, und vielleicht irgendwann auch Ihre, wenn Sie es übertreiben. Beim Putzen geht es nicht um's Überleben, sondern um das schöne Leben im Einklang mit einem tolerablen Maß an Verschmutzung. Dafür muss es sauber oder reinlich, aber nicht rein oder steril sein. Es geht also um »reinlichkeit ... die sogar der schmutzfink in fremden stuben liebt.« (Jean Paul, Hesp. 1, 181) Der Anspruch auf Reinheit hingegen hat ein ideologisches Moment des Ausmerzens von Leben, das als parasitär und feindlich betrachtet wird und das einen immer auch selbst betreffen könnte.

Übrigens bin ich kein Gegner der Putzmittelindustrie, im Gegenteil. Es ist zwar richtig, dass man nicht alle angebotenen Reiniger braucht, aber umgekehrt ist es pure Nostalgie zu behaupten, man könne mit Omas vier Putzmitteln heute noch alles sauber bekommen: Zitronensäure, Essigessenz, Salz und Backpulver. Ich habe das Sauerkraut vergessen. Wenn Sie in einer Zeitschrift lesen, dass Sie einen Perserteppich mit Sauerkraut einreiben, ihn trocknen lassen und danach absaugen sollen: Bitte lassen Sie es! Nicht wegen des

Teppichs, der Tipp funktioniert durchaus und die Milchsäure des Sauerkrauts ist antibakteriell wirksam. Aber dieser Tipp stammt aus einer Zeit, als es noch keine Staubsauger gab, sondern Oma oder die Dienstboten (davon kann man ausgehen, wenn man einen Perserteppich hatte) entweder den Teppich ausklopften oder eine mechanische Kehrmaschine hatten. Aber keinen 2400 Watt-Staubsauger! Den Geruch, den getrocknetes Sauerkraut, gepaart mit der heißen Luft des Staubsaugers im Staubsaugerbeutel entfaltet, vergessen Sie niemals, da hilft auch kein Pollenfilter. Scheuern mit Salz ruiniert viele Glas- und Edelstahloberflächen, Essigessenz ist nicht für jedes Material verträglich und greift Gummidichtungen an. Mit Zitronensäure und Backpulver kann man auf den neuen Materialien noch den wenigsten Schaden anrichten. Zu den Mythen chemieindustriefeindlicher Putzer gehört auch, dass ein Liter Coca Cola ein verstopftes Abflussrohr in jedem Falle freibekommt. Zyniker würden sagen, dass Coca Cola auch ein Produkt der Chemieindustrie ist und es sich womöglich um ein *Dual use*-Produkt handelt.

Wir fassen zusammen: Putzen selbst scheint nicht wirklich innovationsfähig, es scheint prinzipiell jeder zu können, aber es macht niemand gerne (ich schon). Weil »Reinigungsfachkraft« erst seit etwa zwei Jahren ein Ausbildungsberuf ist, kann es noch keine Putz-Profis für die Wohnung geben. Und deshalb gibt es auch keine Putz-Shows. Traurig, aber wahr.

Nicht mal im TATORT wird geputzt, in einer Produktion des öffentlich-rechtlichen Fernsehens. Immer liegt die Leiche auf einem weißen Teppich oder hellen Fliesenboden, in einer Blutlache. Und wer macht die Lache weg – und wie? Das wird nicht gezeigt. Denn oft findet ja gerade die Putzfrau die Leiche, sie ist also schon mal da. Manchmal wird ein Täter des Totschlags oder Mordes überführt, weil die Fleckentfernung im Teppich nicht vollständig funktioniert hat, ein verräterischer Rand ist geblieben, manchmal aber auch gar nichts Sichtbares. Die Beamten von der Kriminaltechnischen Untersuchung (KTU) sprühen dann immer dieses Spray auf die Verdachtsstelle, das im Dunklen bei geringsten Blutrückständen fluoresziert – der Tatort ist verifiziert. Wenn man also nicht gut putzen kann, ist man ein potenzieller Mörder, so suggeriert das Fernsehen. Aber auch anders herum wird ein Schuh daraus: Neulich wurde ein Tatort aus der Produktion des WDR gesendet (»Scheinwelten«, Erstausstrahlung 1.1.2013), in dem zwei Hauskatzen verhungerten, weil der Wohnungseigentümer so gut putzen ließ (durch eine Reinemachefrau mit Migrationshintergrund), dass nach seinem Ableben den Katzen nicht einmal Kellerasseln oder Silberfische blieben, um alleine in der Wohnung zu überleben – erklärte der Pathologe den Zuschauern. Die Tiere verhungerten vor ihren geschlossenen Katzenfutterdosen. Wer putzt, wird also im Ernstfall sogar zum Tierquäler. Letztlich ist man mit dem Thema Putzen von den öffentlichen Medien alleine gelassen.

Der NDR produziert gegenwärtig für das Fernsehen eine Comedy-Serie, die hier ironisch ansetzt: *Der Tatortreiniger*. Dieser ›Beruf‹ wurde prominent durch die Tragikkomödie *Sunshine Cleaning* (USA, 2008). Beim Putzen des Tatorts wird ermittelt. In dem, was die Experten am Tatort übrig gelassen haben, finden sich immer Spuren, die den Putzenden zum Täter führen. Schnell ist die Serie zum Kult geworden. Hier zeigt sich eindrucksvoll eine Verbindung von Schmutz und seiner Beseitigung, die es erst in der industriellen Moderne gibt: die *Fahndung*. Nach dem Schmutz, der noch nicht oder nicht mehr offensichtlich ist, wird gefahndet. Er gleicht damit dem Täter, der eine Spur hinterlässt. Der schichtenspezifische Wettbewerb besteht darin, wer die Spur richtig lesen kann – der kriminalistische Experte oder die Putzfrau. Eigentlich geht es darum, wer mehr vom Leben versteht.

Durch das Selber-Kochen etwa zeigt man gesellschaftlich ein höheres *Bewusstsein* der Welt an, in der man lebt. Man ›versteht‹, zu leben, hat vielleicht sogar Geschmack. Man zeichnet sich mindestens dadurch als ernährungsbewusst und das heißt heute: gesundheitsbewusst aus. Hier geht es um den Gegensatz »industrielles Fertigprodukt versus Handarbeit«, der auch beim Stricken und Heimwerken in Anschlag gebracht wird. Der handwerkende Mensch wird nicht von seinem Produkt entfremdet, seine

Produktion ist nicht in Teilschritte zerlegt worden, die jeweils Arbeiter am Fließband ausgeführt haben, denen dann der Bezug zum Ziel ihrer Arbeit fehlt. »Selbstgemacht« heißt die Devise des spätbürgerlichen Klassenkampfs der oberen Mittelschicht, seien es nun Strickpullover, Marmorkuchen oder Bücherregale. Beim Putzen klappt das nicht – es gibt kein Industrieputzprodukt, es gibt kein Putz-Werk, das man als Alternative vorzeigen kann. Denn schließlich erwartet man in der durch Hygiene gekennzeichneten industriellen Moderne ohnehin, dass es immer und überall sauber ist. Man kann also niemanden einladen in seine Wohnung und sagen »Komm doch heute mal vorbei, es ist so schön sauber!«, anders, als wenn man sagt »Schau mal mein selbstgebautes Bücherregal an!« Dazu kommt, dass es ein höheres Bewusstsein nur von etwas geben kann, das bereits verwissenschaftlicht ist. Schmutz, der im Zusammenhang mit dem Ökologie- oder Hygienediskurs steht, d. h. der Feinstaub und das Bakterium, wird anerkannt, obwohl er nicht einmal sichtbar ist. Ergo werden auch die Beseitigungsversuche anerkannt. Für die Küchenschmiere und den Urinstein gilt das leider nicht. Der meines Erachtens aussichtsreichste Schmutz für eine höhere Bewusstseinsebene ist der Biofilm (s. u.). Hier zeigen sich dem Experten bereits Verwissenschaftlichungs- und Technisierungstendenzen, denn man nutzt ihn einerseits für die Bionik, andererseits führt er, z. B. in der Schifffahrt, zu ökonomischen Einbußen, weil er auf Schiffsrümpfen eine Bremswirkung entfaltet. Allerdings ist der Biofilm im Waschbeckenabfluss wirklich besonders eklig, weshalb er bislang nicht in Wissenschafts-Dokus Eingang gefunden hat.

Die noch in den 1970er Jahren gegen jegliche Form von Reinheitslehre/reiner Lehre aktivistisch zur Schau gestellte Schmuddel-Kultur (»unrasiert, unfrisiert, ungeputzt«) hat sich überlebt und es sind gerade die Ahnen der Flower-Power-Bewegung, die heute in ihren mit Kork, Holz und Naturstein ausgestatteten Null-Energiehäusern die kompliziertesten Putzaktionen vollziehen – wenn sie irgendwann realisiert haben, dass in Naturmaterialien die Selbstreinigungskräfte der Natur nicht mehr wirken, Schmutz aber besonders gut haftet und sich ggf. auch vermehrt, erst recht, wenn man weniger lüftet und starke Wärmedämmung hat. Der Lotusblatteffekt funktioniert eben besonders gut bei der Lotuspflanze, aber weniger gut auf dem *Ideal Standard*- oder *Villeroy & Boch*-Waschbecken – wann kommt das Lotusblatt auch schon mit Zahnpasta oder Make-up in Berührung? Irgendwann wird es vielleicht den Naturstein geben, der seine eigene Nano-CleanTec-Beschichtung mit auskristallisiert und dies in kürzeren als geologischen Zeiträumen tut. Bis dahin tut es der Kärcher Dampfdruckreiniger als Brückentechnologie.

Irritierenderweise zeichnet man sich zwar als hygienebewusst aus, wenn man sagt »Ich putze gerne« – aber dies ist heute eben kein Mehrwert. Man sagt ja auch nicht »Ich putze mir gerne die Zähne« oder noch schlimmer: »Ich putze mir ungern die Zähne«. Man macht es einfach und es gehört sich so, die Angst vor Karies und Mundgeruch putzt immer mit. Glücklicherweise konnte das Zähneputzen noch nicht delegiert werden, aber die »professionelle Zahnreinigung« bei Zahnärzten wird immer mehr in Anspruch genommen. Auch hier lässt man zunehmend lieber putzen und misstraut seinen eigenen Fähigkeiten des Reinigens, sobald es einen Profi mit besseren Werkzeugen und Maschinen gibt, um sie sich dann irgendwann doch anzueignen (wenn es sie für den Privatgebrauch zu kaufen gibt, wie das Ultraschallreinigungsgerät des Optikers und Juweliers).

Meine beste Freundin provoziert übrigens die semiprofessionellen Köche, die stolz auf ihr Soufflé oder ihren Marmorkuchen mit Amarenakirschen sind, immer damit, dass sie selbst Schweinskopfsülze kocht und mit dem Hinweis auf die komplexe Zubereitung dann auch kredenzt (vorzüglich!) – dafür muss man beim Metzger einen Schweinekopf vorbestellen und auskochen. Hier ist dann doch für die meisten die Ekelgrenze des Handwerkens erreicht, dabei handelt es sich um eine professionelle Metzgerfertigkeit. Die Handwerkerromantik der oberen Mittelschicht ist sehr selektiv.

Die Putzfrau als Ausrede

Ich habe mir im Laufe der Jahre viele zusätzliche Argumente überlegt, um plausibel zu machen, warum ich selber putze und keine Putzfrau beschäftige oder wie man auch gerne sagt: mir keine Putzfrau *leiste*. Denn meine eigentlichen Argumente – das Erreichen von Kontemplation, Klarheit, Entspannung, Erbauung etc. – werden mir nach wie vor nicht geglaubt. Sich eine Putzfrau *leisten* zu können und das auch in Gesprächen immer wieder zu erwähnen, zeigt, dass es beim Putzfrauen-Beschäftigen im Privathaushalt immer auch um Sozialprestige geht. Wenn in geselliger Runde unter Bildungsbürgern über Putzfrauen gesprochen wird – und das geschieht nicht selten –, vollziehen sich lang etablierte Riten der Selbstvergewisserung, in der *Mitte* der Gesellschaft zu sein. Dort fühlt man sich im Recht bzw. erachtet es als legitim, über wenige Menschen Herrschaft ausüben zu dürfen. Damit einher geht die soziale Abgrenzung ›nach unten‹, selbst wenn man lobend über seine Putzfrau spricht. Eine Putzfrau zu haben gehört, mit Pierre Bourdieu gesprochen, zu den »feinen Unterschieden«. Sie zeigen ein kulturelles Kapital an, das in vielfältiger Weise mit Reichtum zu tun hat, nicht aber notwendigerweise mit finanziellem Reichtum. Auch wer aus Scham vor den sozialen Abgrenzungsritualen nicht über seine Putzfrau spricht, entkommt diesem schichtenspezifischen Mechanismus nicht – sonst würde er/sie ja darüber sprechen. Wer aber nun explizit äußert, keine Putzfrau beschäftigen zu *wollen*, ist eine Gefahr innerhalb der oberen Mittelschicht und für deren oft bildungsbürgerliches Selbstverständnis. Schlimmer wäre nur noch die Äußerung, man solle den Doktortitel abschaffen, weil man sich den ohnehin immer öfter durch Betrug oder Kauf erwerbe und ihn dadurch als Auszeichnung entwerte. Denn der Bildungsbürger etabliert sich dadurch, dass er eine Bildung vermittelt, die den Denkgewohnheiten seiner eigenen Klasse entspricht – dazu gehört auch die Undenkbarkeit, bei der Anfertigung einer Doktorarbeit zu betrügen. Wegen der stabilen Denkgewohnheiten sind beispielsweise die Themen Arbeit und Technik erst spät von der akademisch gelehrten Philosophie der Neuzeit zur Kenntnis genommen worden. Sie rochen im 20. Jahrhundert immer ein wenig nach »Materialismus«, obwohl sie eine hochgradig idealistische Komponente aufweisen: den Anspruch, *eine Tätigkeit um ihrer selbst willen gut zu machen*. Das Putzen ist allerdings bis dato gar kein Thema der Philosophie.

Der Widerstand gegen das Putzen verbindet sich, wie ich bereits am Beispiel des Badreinigers in Sprühpistolen zu zeigen versucht habe, mit einer besonderen Form von Tapferkeit, die sich gegen den sozialen Abstieg mit zwei Talenten wehrt: mit Gewalttätigkeit und mit Betrug. Der Sprühpistolenheld, der den Schmutz nicht berühren, aber trügerischen Glanz erzeugen will, führt nicht nur Krieg gegen den Schmutz, sondern gegen eine Gesellschaft, die ihn zum Putzen und damit zu einer Tätigkeit der unteren Schichten nötigen will.

Wie Thorstein Veblen bereits 1899 in *Theory of the Leisure Class* (dt.: *Theorie der feinen Leute*) analysiert hat, gibt es den Typus des »vornehmen Müßigen«, der sich dadurch auszeichnet, dass er von der industriellen Produktivität der Anderen lebt, ohne selbst zur Produktivität beizutragen. Ein Idealtypus dieser Lebensweise war schon immer der Philosoph bzw. der Geisteswissenschaftler, weniger jedoch dessen Frau. Im Zuge des Kapitalismus wird dieser Typus allerdings zunehmend bekämpft, bis hin zu seiner neoliberalen Stigmatisierung als »Sozialschmarotzer«. Latein und Altgriechisch zu können scheint in dieser reduzierten Perspektive auf Gesellschaft und Fortschritt immer weniger ›nützlich‹ zu sein. Vertiefte Kenntnisse der Werke Goethes, Platons und Voltaires werden gesamtgesellschaftlich als zunehmend weniger wert erachtet, die wichtigsten Zitate zu kennen scheint ausreichend, um sich bildungsbürgerlich gerieren zu können. Da der Bildungsbürger die einstige Allianz mit dem Adel verloren hat, aber noch dessen Konventionen und damit ein Elitedenken verkörpert, geschieht seine Bekämpfung sowohl durch die herrschende Klasse der finanziell-industriell Produktiven, als auch durch die unteren Klassen, die zur Existenzsicherung manuell arbeiten müssen. Der Bildungsbürger ist also in der Mitte der Gesellschaft angekommen, aber dort auch in der Zange.

Eine Putzfrau, die den Haushalt eines Philosophen, Altphilologen oder einer Literaturwissenschaftlerin putzt, ist deshalb ein höchst merkwürdiges Phänomen. Beide sind es zunehmend gewohnt, wegen ihrer angeblich sinnlosen Tätigkeit mit gesellschaftlicher Verachtung umgehen zu müssen. Beide verachten sich aber nicht selten gegenseitig. Unter allen Geisteswissenschaftlern hat der Philosoph noch die beste Ausgangsposition, denn ihm wird landläufig unterstellt, am liebsten in einer Tonne zu wohnen, wenn im Elfenbeinturm gerade kein Platz frei ist. Der Philosoph scheint deshalb von Schmutz wenigstens eine Ahnung zu haben, mehr noch die Philosophin. So begegnen sich in der Privatwohnung eines Geisteswissenschaftlers zwei Menschen, die gesellschaftlich ausgegrenzt werden, und zwar begegnen sie sich im *Duell*: im Kampf um den Schmutz. Sie kämpfen aber auch um Prestigenormen, wie mit körperlichen Tätigkeiten in der Gesellschaft umgegangen wird. Die »müßige Klasse« hat sich immer dadurch ausgezeichnet, dass sie Tätigkeiten ohne vermeintlich höhere Zwecke ausgegrenzt hat: Kochen, Handwerken, Waschen, Landwirtschaft und Putzen. Ausnahmen bilden der *Sport* und der *Krieg*. Beide stehen im Zeichen des *Wettbewerbs*. Und diese durchdringende Macht des Wettbewerbs führt dazu, wie wir gleich sehen werden, dass Bildungsbürger(innen) oder solche, die es sein wollen, gerne mit ihrer Putzfrau um die Sauberkeit der Wohnung wetteifern. Im Duell müssen sie sich auf Augenhöhe mit der Putzfrau stellen;

ein Akt der Gleichberechtigung, der dem zur Schau gestellten Sozialprestige, sich eine Putzfrau *leisten* zu können, deutlich widerspricht.

Ich stehe nicht unter dem Verdacht, geizig zu sein und ich verdiene nicht schlecht, daran kann meine Verweigerungshaltung also nicht liegen. Aber warum möchte ich selber putzen? Meine Kolleg(inn)en, die alle Putzfrauen beschäftigen, rätseln bis heute. Immer wieder rechnen sie mir vor, wie viele Stunden Zeit ich sparen würde und was ich in dieser Zeit *wirklich* Sinnvolles tun könnte, wenn ich nur eine Putzfrau hätte. Dabei meinen sie nicht, dass ich mehr Zeit für den Zahnarzttermin oder die Steuererklärung hätte, sondern mehr Zeit, um das zu tun, was Philosophen eigentlich tun sollten: Zeit zu lesen und zu schreiben – denn im Hochschulbetrieb des 21. Jahrhunderts ist auch der/die Geisteswissenschaftler(in) zum Allround-Manager geworden, der sich in erster Linie um Verwaltung von Forschung und Lehre zu kümmern hat und dabei selbst zu verkümmern droht. Der ständige Druck, sich für die Gesellschaft wirklich nützlich zu machen, und zwar in quantifizierbarer Weise, führt viele erst in diejenige Abgrenzungshaltung zum Rest der Gesellschaft, die man ihnen vorab schon unterstellt hat. Die Reaktion ist dann – sehr schematisch gesprochen – folgende: Selber putzen? Sich privat auch noch nützlich machen? Man habe doch wenigstens zuhause ein Recht auf Muße, denn daraus entspringe Kreativität und Genius!

Dem widerspreche ich gar nicht, aber für mich ist fraglich, ob Muße in jedem Fall durch zur Schau gestelltes Nichtstun erreicht wird oder sich nicht auch in einer Tätigkeit vollziehen kann, die man nicht müßig wird, zu tun – wie das Putzen. Diese Haltung mag einem kleinbürgerlichen Geist entspringen, *so what*? Bei genauerer Betrachtung passt diese Haltung allerdings gerade zum großbürgerlichen Kern des Bildungsbürgertums, weil sich dieses über Sinnlosigkeit und Zeitverschwendung zuallererst definiert hat! Mein Argument wäre dann so zu verstehen, dass man erst dann Putzen als Muße begreifen kann, wenn man sich eigentlich auch eine Putzfrau leisten könnte – es aber nicht tut. So, wie man selber kocht, obwohl man ins Restaurant gehen könnte. Man verschwendet seine Zeit mit Nützlichem, das man nicht zu tun bräuchte und erweckt den Schein, am Klassenkampf teilzuhaben. Jene Anbiederung an das Proletariat ist aus der Handwerkerromantik bekannt. Eine derartige Haltung wird heute hinter vorgehaltener Hand als »Linksspießertum« tituliert. Wenn dem also so sei: Warum darf ich dann meine Zeit trotzdem nicht mit Putzen, aber doch gerne mit Kochen verschwenden? Die Antwort lautet: Weil das Linksspießertum beim Putzen an seine Grenzen der Urteilskraft gelangt und in fröhlicher Diffusion zum Rechtsspießertum hinüber wabert.

Dazu einige Beispiele. Die Herren wähnen häufiger, ich weigere mich womöglich wegen der Gleichstellungsfrage, ich könne es vielleicht nicht ertragen, wenn eine Frau einer anderen Frau den Dreck wegputzt und Putzmänner seien eben schwer zu bekommen. Man wollte mir deshalb schon mehrmals einen Nacktputzer als Event schenken (Nein, danke!). Die Frauen denken ähnlich in eine politische Richtung, aber klassentheoretisch, dass es für mich vielleicht nicht in Frage käme, jemanden aus der ›Unterschicht‹ für eine ihrer Meinung nach entwürdigende Arbeit zu bezahlen, noch dazu häufig geleistet von Migrantinnen. Gegen diesen Argumentationsgang, den ich noch nie verstanden habe, wird von Akademikern oft noch präventiv in Anschlag gebracht, dass man gerade ja auch Studenten damit einen Mini-Job verschaffen würde, den man noch dazu von der Steuer absetzen könne. Das sei, auch aus Gleichstellungssicht, schließlich besser, als wenn Studentinnen sich als Hostessen verdingen müssten, um ihre Studiengebühren zu verdienen und dasjenige, was sie an Lebensstandard voraussetzen. Hier wird das Argument der Augenhöhe im Sozialprestige benutzt, wobei ich den Mehrwert für beide Seiten nicht einsehe, der sich dadurch ergeben soll, wenn ein Student oder eine Studentin einer Professorin die Wohnung putzt im Vergleich zu einer – ? Ja, im Vergleich zu wem eigentlich? Viele Migranten, die putzen, haben einen akademischen Abschluss und können damit nicht in Deutschland arbeiten. Dass Studierende putzen gehen, ist in der Tat immer häufiger der Fall. Aber es sind immer diejenigen Studierenden, die es finanziell nötig haben, arbeiten gehen zu müssen, darunter viele mit Migrationshintergrund. Wenn Thorstein Veblen immer noch Recht haben sollte, dass die treibenden Kräfte der Gesellschaft diejenigen sind, die aus der Arbeiterklasse heraus ihre einst ererbten Talente entwickeln und derart nach oben drängen, dass ihre Selbstachtung sich von den etablierten Denkweisen ihrer Klasse nicht beeinflussen lässt, dann können wir von putzenden Studierenden am meisten erwarten. Einiges lässt sich aber auch von den »irrenden Sprösslingen der müßigen Klasse« erwarten, wie Veblen meint. Denn sie irren ja nur nach Maßgabe der Klasse, die ihre eigenen, unproduktiven Ansprüche an sie stellt: z. B. den, über Schmutz und das Putzen den Mantel der Verschwiegenheit zu decken und dabei ewigen Glanz vorzutäuschen.

Ich geriet also zunehmend in die Bredouille, eine Arbeitgeber-Verweigerungshaltung einnehmen zu müssen. Zu meiner Rettung sagte ich dann irgendwann: »Niemand putzt so sauber wie ich selbst, denn niemand weiß in meiner Wohnung so genau wie ich, wo der Dreck anfällt.« Das war ein Fehler, den ich schwer bereue. Meine Freunde wittern seitdem pathologische Züge, ähnlich einem Waschzwang; eine Pathologie, die sich in perfektioniertem Putzen auszuleben scheint. Sie gehen dabei von dem irrwitzigen Vorurteil aus, dass Putzen als Umgang mit dem Schmutz per se etwas mit Entwürdigung zu tun habe und man nur, wenn man geistig nicht ganz gesund sei, sich selbst konstant entwürdigen wolle. Dazu kam erschwerend, dass mein Satz ein wenig danach klang, als hätte ich in überheblicher Weise sagen wollen: »Bis ich einer Putzfrau erklärt habe, wie man richtig putzt, mache ich es lieber selber.« Das wäre ein typischer Satz für einen beherrschten Herrschenden, vulgo: einen Intellektuellen, der dank seines kulturellen Kapitals eine Form von Kultur produziert, die durch die ökonomisch Herrschenden gestützt wird, wodurch sich diese wiederum über sie erheben können (Pierre Bourdieu). So habe ich es aber nicht gemeint, wenn auch schon häufiger gehört. Arroganz ist keine gute Grundlage zum Selber-Putzen, zumal ich noch dazu lerne – und oft von Putzfrauen. In meinem Verständnis von Intellektualität wird dasjenige als Kultur ausfindig gemacht, das praktisch wie theoretisch Gesellschaften durchdringt, selbst wenn es noch nicht oder nicht mehr der Rede wert zu sein scheint: z. B. das Putzen.

Eine gute Grundlage für das Selber-Putzen ist, das Putzen zunächst als sinnlose Tätigkeit anzuerkennen, aber dann höherstufig als *sinnstiftende* Tätigkeit zu erkennen. Die Sinnlosigkeit des Sports könnte hier in gewisser Hinsicht ein Vorbild sein, denn Sport zeichnet sich wie Putzen durch Tätigkeiten aus, die kein Werk hinterlassen. Dem Sport als einem Zur-Schau-Stellen der Sinnlosigkeit, als ein Privileg der einst oberen Schichten, die über *Freizeit* verfügen, hat man im Zuge der Demokratisierung und der kollektiven Nützlichkeitsansprüche viele höhere Scheinzwecke zugeordnet, z. B. das Erreichen von Gesundheit, Teamgeist, Disziplin, Geschicklichkeit, etc. Muss ich das alles erreichen, wenn ich Sport treibe? Manche Leute können einfach nur besonders gut beim Sport ›Abschalten‹ und genießen die Eigenwahrnehmung des Leibes. Sie ertüchtigen nicht ihre Körper. Sie verschwenden sich an sich selbst und mit sich ihre Zeit. Wenn man diesen ursprünglichen Aspekt des Sports ausblendet, verführt die Gleichsetzung von Sport und Putzen dazu, sich beim Putzen sowohl in den Wettbewerb mit dem Schmutz wie mit anderen Putzenden zu stellen, bis hin zur Idee, den Schmutz bekriegen zu wollen. Putzen wäre dann Teil des exklusiven Körperkultes, durch den man sich vor anderen auszeichnet.

Nun werde ich seit meinem Bekenntnis zum Putzen nur noch selten zu jemandem nach Hause eingeladen, weil alle denken, ich würde bei ihnen genau hinsehen, ob es irgendwo schmutzig ist. Dabei interessiert es mich gar nicht. Schließlich geht es um *meinen* Schmutz, aber eigentlich geht es ja gar nicht um den Schmutz, sondern um die Tätigkeit des Putzens. Außer natürlich in Extremfällen. Also, ehrlich gesagt finde ich es schon peinlich, wenn man in eine Küche kommt, in der sich das schmutzige Geschirr stapelt, der Tisch nicht abgewischt ist und der Mülleimer ein Biotop zu werden droht, und dann der Wohnungsbesitzer oder die -besitzerin sagt: »Sorry, aber meine Putzfrau hat Urlaub.« Ja und?? Oder noch besser: »Unsere *Perle* kommt erst am Freitag wieder.« Was will man mir damit sagen? Dass eine Muschel, die ja biologisch betrachtet ein Schmutzfiltrierer ist, eine Verunreinigung so umschließen kann, dass daraus eine Perle und damit etwas Glänzendes wird? Und wieso ist die Ausrede »Unsere Perle kommt erst am Freitag wieder« überhaupt erlaubt? Ich toleriere das nur bei berufstätigen Alleinerziehenden. Denn die haben wirklich andere Sorgen. Meistens können die sich aber keine Putzfrau leisten. Für sie ist die Haushaltsrolle mit Abreißpapier erfunden worden.

Irgendwann ist mir aufgefallen, dass die Putzfrauen-Beschäftiger gar keine Zeit sparen. Denn häufig, wenn ich bei Kollegen anrufe, erhalte ich die Antwort »Ich kann gerade nicht, denn meine Putzfrau ist da.« Aber wieso »kann man« dann nicht? Ich denke, *sie* putzt? Bei genauerer Nachfrage habe ich mehrere Kategorien bilden können: a) Menschen, die ihrer Putzfrau bzgl. Diebstahl misstrauen und sie nicht alleine in der Wohnung lassen, b) Menschen, die von ihrer Putzfrau wie von einer Hauswirtschafterin lange Einkaufslisten erwarten, welche Putzmittel aus welchen Gründen vom Wohnungsbesitzer zu besorgen sind, und c) Menschen, die ihrer Putzfrau bzgl. der Putzleistung misstrauen und sie dabei beobachten, wie und wo sie putzt und ob sie das auch gründlich tut.

Die letzte Kategorie ist natürlich am unsympathischsten. Eine meiner Freundinnen (nicht die mit der Schweinskopfsülze) ist Polin und eigentlich ausgebildete Agraringenieurin, lebt aber seit vielen Jahren in Deutschland, unter anderem vom Putzen. Sie putzt wirklich sehr gut. Einmal erzählte sie mir eine unglaubliche Geschichte, wie sich mehrere Damen zum Kaffeekränzchen trafen und sich über die Qualität ihrer Putzfrauen unterhielten. Sie war im Raum anwesend und putzte, während die Damen schonungslos über Putzfrauen herzogen. Es ging dabei ständig um Kontrolle der Putzfrau, ein noch unentdecktes Musterbeispiel der postmodernen Philosophie, wie man sie nur bei Michel Foucault lesen kann, der die Entstehung der modernen Klinik und des Gefängnisses parallelisiert und mit den Schlagworten »Überwachen und Strafen« in Zusammenhang bringt. Denn die Damen entwarfen in ihrem Gespräch eine lange Liste, wo man überall nachsehen könne, ob noch Schmutz da ist, um dann die Putzfrau der Unprofessionalität überführen zu können: Nicht gut genug geputzt! Ganz oben auf der Liste war »auf der Unterseite des Waschbeckens« … Hier zeigt sich der Wettbewerbscharakter des Putzens: ich putze besser als Du, wenn ich es denn *täte*! Meine polnische Freundin hat mir auch den Tipp gegeben, einmal das Buch *Unter deutschen Betten* ihrer Landsmännin zu lesen, die unter dem Pseudonym Justyna Polanska enthüllt hat, was man als osteuropäische Migrantin beim Putzen deutscher Wohnungen mitmacht und wie schmutzig es bei den Gutbürgerlichen so ist. Das war mir nicht neu, aber es entsetzte mich, dass insbesondere Putzfrauen ›anderer

Herkunft‹ so häufig auch mit sexuellen Übergriffen zu rechnen haben. Der Konnex zwischen reinigenden Arbeiten, die von Frauen aus den ›unteren Schichten‹ durchgeführt werden, und der Zuschreibung sexueller Freizügigkeit ist ein altbekanntes Phantasma männlichen Herrschaftsdenkens, das als Motiv auch in der Literatur aufgegriffen wurde, weil es die Kränkung der Ehefrau bzw. deren Eifersucht besonders intensiv zeigt: Sexualität und Erotik wird mit derjenigen geteilt, die ein entspanntes Verhältnis zum Schmutz zu haben scheint und deshalb auch für andere ›schmutzige‹ Dinge zu haben sein mag. Die Fassade (sprich: Ehe) hingegen bleibt sauber. Der Bildungsbürger Goethe war in dieser Hinsicht ein Revolutionär, als er Christiane Vulpius (dann doch) heiratete. Dieses Thema wie auch das des Umgangs mit Migranten und mit Schwarzarbeit ist in meinem Buch ausgespart, verdient aber eine eingehende Untersuchung. So gibt es also neben den genannten Gründen a), b), c), seine Putzfrau nicht alleine in der Wohnung zu lassen auch noch Grund d): Man will aus den verschiedensten Gründen Gesellschaft in der Wohnung haben, wobei die Ansprüche von Prostituierte bis zu Kammerzofe oder Pflegepersonal reichen können. Es geht dabei um vieles, aber nicht ums Zeitsparen.

Besonders amüsiert mich zum Thema Zeiterspar-nis auch die Auskunft »Ich muss noch aufräumen, meine Putzfrau kommt morgen!«. Ja, aber hallo! Die Putzfrau als disziplinierende Maßnahme ist eine geniale Erfindung. Denn nur wo bereits Ordnung herrscht, kann angeblich auch richtig geputzt werden, d. h. die Flächen müssen frei liegen. Diese Auskunft ist für mich eine wichtige Information, denn ich kann daraus sofort schließen, dass es sich um Putztyp B (s. Kap. III) handelt: den Ästheten bzw. Oberflächenputzer. Menschen, denen es um Tiefenreinigung geht, räumen vorher gerade *nicht* auf, sondern sie räumen *beim* Putzen auf, weil sie alle Dinge putzend in die Hand nehmen, um überhaupt erst an die Oberflächen zu gelangen! Also zum Beispiel Teelichthalter, kleine Figürchen, Fotorahmen, Obstschalen, Briefstapel, Visitenkarten – alles, was eben so herum steht oder liegt. Das wird dann einem kritischen Urteil unterzogen, ob man es wirklich braucht. Und jedes Mal bejaht man es und sagt: »Ja, das will ich um mich haben, ist mir doch egal, wenn es einstaubt, kann ich ja wieder putzen (oder meine Putzfrau).« Aber Aufräumen schadet natürlich nicht. Übrigens gilt das Aufräumen auch für die neuen, kreisrunden Staubsaugroboter, die selbständig durch die Wohnung fahren. Selbst wenn er Tischbeine erkennt, so braucht er doch viel Freifläche. So einen können Sie sich zulegen, wenn es Ihnen egal ist, dass der Schmutz dann in den Ecken landet. Wenn Sie aber eine Treppe im Haus haben: Vergessen Sie's, die bleibt ungeputzt, der Roboter stoppt vor der Stufe.

Für viele Menschen hat die Putzfrau aber keine disziplinierende Wirkung, sondern ganz im Gegenteil. Angenommen, die Putzfrau kommt Montag und hinterlässt alles sauber, dann bleibt man noch Dienstag besonders vorsichtig und fasst kaum etwas an, um es nicht schmutzig zu machen. Ab dann passiert das moralische Gefälle: Bereits ab Mittwoch lebt man wieder normal und vergisst die erzeugte Sauberkeit und am Sonntag denkt man »Oh, morgen kommt ja wieder die Putzfrau, es ist noch gar nicht richtig dreckig, und ich bezahle sie schließlich für's putzen, da könnte ich doch schnell noch ein paar Pommes in der Bratpfanne machen!« So sind Leute, die kein Verhältnis zum Schmutz haben und nicht sehen, dass er regelmäßig anfällt und nicht erst aktiv erzeugt werden muss. Ich habe erlebt, also früher, als ich noch zu Kollegen nach Hause eingeladen wurde, dass Leute am Sonntagabend aufwändig kochten und eine total verwüstete Küche hinterließen. Wenn ich dann anbot zu helfen, so wie andere Gäste übrigens auch, die weniger gerne putzen als ich, sagte der Hausherr oder die -herrin oft nonchalant: »Nein, das lassen wir alles liegen, morgen kommt die Putzfrau! Sonst hat sie ja nichts zu tun.« – Ich habe Mitleid mit Putzfrauen, denn an ihnen werden nicht selten schlechtes Benehmen und passive Aggressionen ausagiert. Natürlich gibt es auch die anderen, die sich mit ihren Putzfrauen anfreunden, ihre Sorgen (also auch den psychischen Schmutz) teilen und zum Teil sogar gemeinsam alt werden.

Die Sache mit dem Selber-Putzen geriet dialogisch irgendwann komplett aus den Fugen, als ich verteidigend meinte, dass ich mir ja das Fitness-Studio spare, weil Putzen körperlich ganz schön anstrengend sei. Das wird von den Putzfrauen-Beschäftigern rigoros verneint. Der Grund liegt in der oben erwähnten Selbstvergewisserung der müßigen Klasse, für die körperliche Anstrengung jenseits bestimmter Sportarten (eher Golf als Ringen) ebenso ein Gräuel ist wie über den Umstand zu reden, dass Putzen etwas mit Schmutz zu tun hat. In derartigen Ausblendungen liegt übrigens ein Moment der Entwürdigung dieser Tätigkeit. Die Leugnung der Anstrengungen des Putzens kommt aber letztlich daher, weil man sich vorlügt, es eigentlich auch selbst tun zu können, aber leider keine Zeit dafür habe. Wenn man es also selbst tun *könnte* – und, weil die Angst vor sozialem Abstieg bei der Mittelschicht immer mit urteilt: man es irgendwann auch selbst wieder tun *müsste* –, dann darf es nicht körperlich anstrengend sein, denn sonst passt es nicht mehr zur Lebensweise der müßigen Klasse bzw. des Bildungsbürgers. Der wahre Bildungsbürger denkt nur an den federleicht dahin gleitenden Staubwedel, wenn er das Wort »Putzen« hört, aber nicht ans Scheuern auf den Knien. Im Hinweis auf das Fitness-Studio zeigte sich nun die ganze Ironie der Situation, die vom Argument »Zeit für etwas wirklich Sinnvolles zu haben« ausging. Gibt es etwas Sinnloseres als das Laufen auf einem Laufband? Wieso ist die bereits vor Jahren erfundene Waschmaschine mit Fahrradantrieb als sinnvoller Hometrainer nicht bereits standardmäßig zu kaufen, wo doch alle Energie sparen *und* sich fit halten wollen? Weil es um die klassenspezifische Inszenierung der *Verschwendung* der eigenen Energie geht, nicht um deren Nutzbarmachung. Beim Sport und im Urlaub will man sich nicht nützlich machen, nicht einmal für die Umwelt, auch wenn man sonst seinen Müll akribisch trennt und die Standby-Funktion aller Elektrogeräte ausschaltet. Empört entgegnete man mir, ich würde hier Äpfel mit Birnen vergleichen.

Auf jeden Fall sagte ich irgendwann patzig: »Wenn es nicht anstrengend ist, dann putzt man eben nicht richtig.« Damit war es passiert. Ich war eine pathologische Besserwisserin, genauer gesagt: eine Besser-Putzerin, kurz: BP. So bewahrheitete sich ein Satz von Kurt Tucholsky: »Im übrigen gilt in Deutschland derjenige, der auf den Schmutz hinweist, für viel gefährlicher, als derjenige, der den Schmutz macht.«

Mit dieser BP-Einstellung »Ich putze gerne und das ist auch gut so« lässt es sich trotzdem vortrefflich leben. Denn sie führt dazu, dass man eine Falle vermeidet, die Menschen bis heute das Putzen als etwas Sinnloses und Lästiges empfinden lässt: Die Falle liegt in der Einstellung, dass es der Schmutz ist, der einen bestimmt, etwas gegen ihn zu tun. Das ist die Grundlage des Putzspießertums, von links bis rechts. Der Schmutz regiert dann quasi den Putzenden – daran muss Hegel mit seiner berühmten Metapher von Herr und Knecht aus der *Phänomenologie des Geistes* (1807) gedacht haben. Der Schmutz, eigentlich unter der Knechtschaft des Herrn stehend, ist irgendwann der

Herr im Haus, weil er die Natur beherrscht, nicht zuletzt durch konsequente Umsetzung des entropischen Prinzips, sich überall verteilen zu können. Herr und Knecht formulieren ein Verhältnis, in dem sich beide gegenseitig in ihrer Rolle anzuerkennen haben, wenn das Verhältnis Bestand haben soll. Ohne Knecht kein Herr und umgekehrt. Wer also Herr im Hause bleiben will, der darf beim Schmutz nicht wegsehen und ihn anderen überlassen – Hegel sehr frei interpretiert. Wer glaubt, dass Hegel, der den Herrn als »für sich seiend« und den Knecht als »für andere seiend« bezeichnete, damit meinte, dass man lieber für sich müßig sein und das Putzen den anderen überlassen sollte, der hat es nicht begriffen.

Mehr noch: Man versteht dann auch nicht, dass die Geheimnistuerei, die sowohl von der chemischen Industrie wie auch von manchen Putzfrauen um das richtige Putzen gemacht wird, die Exklusivität dieses Wissens sichert. Man ist dann auf das Wissen und die Techniken der Anderen angewiesen und empfindet einen Teil ihrer Tätigkeit und Mittelchen darüber hinaus als magisch. Wissen über das Putzen würde dann zum Herrschaftswissen, woraus gerade die unteren Schichten irgendwann ökonomisches Kapital schlagen könnten, so wie es die Handwerker schon vor ihnen getan haben. Dafür müssten sich Putzfrauen und -männer allerdings besser als Kollektiv organisieren und auf Professionalisierung pochen. Putzfrauen sind schlechter organisiert als Kosmetikerinnen oder Fußpflegerinnen. Das klassische Handwerk hatte übrigens schon immer goldenen Boden, weil es einen Teil seines professionellen Wissens als Geheimnis bewahrt. Der zugehörige Begriff der »Innung« zeigt diese Form der kollektiven Innerlichkeit an, die als Wissensgrenze nach außen fungiert. Viele Handwerker, allen voran die Schreiner, werden in Deutschland besser bezahlt als Professoren. Die jüngere, bildungsbürgerliche Begeisterung für das Heimwerken und Kochen ist nicht zuletzt durch den Wunsch motiviert, sich von demjenigen Wissen nicht mehr weiter ausschließen zu lassen, das benötigt wird, um über die handgefertigten ›Werke‹ Sozialprestige zu erreichen.

So entsteht also durch die unnötige Herrschaft des Schmutzes das unangenehme Gefühl, putzen zu *müssen*. Mit dieser Einstellung sollte man lieber doch nicht selbst seine Wohnung putzen, sondern es Putzfrauen und -männern überlassen, die eine gelassenere Einstellung zum Putzen haben und oft auch gerne sauber machen. Dies gibt Anlass, seine eigene Einstellung zu hinterfragen, denn man tut ja quasi so, als sei man ein Lehrer, der nur deshalb lehrt, weil die Dummheit der Schüler einen dazu auffordert. Das wäre dann ein schlechter Lehrer. Man verzeihe mir den Vergleich, der hinkt, aber im Sinne des zu motivierenden Bildungsbürgertums ausgewählt ist. Ein guter Lehrer will nicht die Dummheit ausmerzen, sondern gute Gedanken in die Welt bringen, Wissen vermitteln und in dieser Vermittlungsleistung selbst etwas lernen – auch über sich. Jedes Jahr erwartet einen wieder eine neue Klasse von Anfängern und Nichtwissenden. Und so ist es auch beim Putzen, weil alles immer wieder schmutzig wird. Wer selber putzt, schmutzt aber irgendwann weniger, weil er dazu lernt, wie Schmutz überhaupt entsteht. So, wie es für einen guten Lehrer gar keine Dummheit gibt, gibt es für einen guten Putzenden keinen renitenten, aggressiven Schmutz. Stellen wir uns Sisyphos als Raumpfleger vor – aber hat er aufgegeben? Nein! Eben.

Schmutz ist zum Teil Ansichtssache, zum Teil etwas objektiv Gegebenes, zum Teil ein Resultat gesteuerter Wahrnehmung. Der Begriff »Schmutz« hat etwas Abwertendes bzw. er ist die Abwertung schlechthin. Manchmal wird er auch »Unrat« genannt, was auf Unordnung und Funktionslosigkeit abhebt; dann wieder heißt er auch »Dreck«, den man eigentlich draußen wähnt, aber der durch Mensch und Tier nach innen gelangt. Die wenigsten Menschen denken bei Schmutz an Exkremente, aber an Ausscheidungen des Körpers wie Schweiß, Rotz, Talg, Schleim; manchmal auch Blut. Wenig bedacht werden Hautschuppen, Haare und Wundschorf. Das Badezimmer ist deshalb der Ort, der in jedem Falle sauber zu sein hat, denn hier ist der Ort der Körperhygiene. Schmutz ist eng verbunden mit einer der großen Basisemotionen: dem *Ekel*. Der Ekel ist ein nützliches Warnsignal. Man ekelt sich z. B. vor Dingen, die einen potenziell krank machen könnten, in erster Linie vor Fäulnis- und Verwesungsgeruch. Ekel, z. B. vor Milchprodukten, folgt aber auch kulturellen Einschreibungen. Leider sind die Ekelgrenzen innerhalb einer Kultur zivilisatorisch sehr unterschiedlich entwickelt, vor allem, was den eigenen Schmutz angeht, den andere aushalten müssen. Man kann sich den Ekel auch abgewöhnen, z. B. wenn man die Windeln seines Säuglings oder seines Vaters wechselt. Die Liebe habituiert dann den Ekel. Wie ist das mit dem eigenen Schmutz? Hier gibt es einen Unterschied, ob man ihn sehen will und mit seiner Beseitigung letztlich sich selbst liebt, oder ob man ihn nicht sehen will aus Angst, sich selbst nicht mehr mögen zu können. Viele wissen deshalb auch gar nicht, was sie ihrer Putzfrau zumuten, und sie werden es auch nie wissen, weil die Putzfrau, anders als der Partner, meistens darüber schweigt und lieber Fakten schafft: wegputzen.

Der dem Ekel zugehörige Sinn ist der Geruchssinn, der zu den unmittelbaren Sinnen gehört wie der Tastsinn. Man bildet sich ein, dass eine glatte Oberfläche besser riecht als eine poröse. In der Tat sammelt sich der meiste Schmutz in porösem Material, bei Metall z. B. an Roststellen, aber auch in porösen Gummi- und Silikondichtungen. Eine neuralgische Stelle ist deshalb die *Fliesenfuge*, weil Fugenmörtel nun einmal per se porös ist. Hier kommt es zu diesen wunderschönen Farbeffekten in der Dusche, wenn Algen ihr Rosarot mit dem Schwarz des Schimmels kontrastieren. Wenn Sie jemanden zum Putzen bewegen wollen

(z. B., weil Sie ihre Wochenendbeziehung nun doch einmal aufgeben und zusammenziehen wollen), dann sagen Sie einfach: »Es riecht hier unangenehm.« (auch wenn es nicht stimmt!). Das ist charmanter als zu sagen, dass man den Schmutz sieht, und es wirkt dramatischer, weil Schmutz, den man riechen kann, schon wirklich massiv sein muss. Außerdem führt es zu einer Grundreinigung, weil man ja die eigentliche Schmutzquelle nicht ausmachen kann, wenn sich ihre Symptomatik nur olfaktorisch offenbart. Hier regiert die Angst vor dem Verborgenen, das sich zum Beispiel auch im Abflussrohr befinden könnte. Moderne Abflusssysteme sind allerdings mit Gittern und Reusen ausgestattet, so dass es nicht mehr möglich ist, dass eine Ratte darin verendet und der Verwesungsgeruch durch den Abfluss nach oben zieht. Der Schmutz ist also doch im Raum: Putze ihn! Übrigens sollten meines Erachens Lufterfrischersprays verboten werden, weil sie unsere Sinne vernebeln und wir dadurch die Orientierung verlieren für die wichtigste Entscheidung im Leben: wann zu putzen ist.

Der seit dem ausgehenden 19. Jahrhundert zunehmende Hygiene-Diskurs hat dazu geführt, dass sich der Ekel über etwas Offensichtliches wie klebrige, amorphe Massen oder Dreck mit einer zweiten Basisemotion paart: Der Angst vor dem Unsichtbaren, vulgo: der Mikrobe. Sollten Sie manchmal die Wahnvorstellung haben, ihren Körper von innen reinigen zu wollen (Vorstufen davon sind Darmreinigungs- und

Entschlackungsphantasien), lesen Sie bitte dieses Buch nicht weiter!

Schmutzarten wohlwollend betrachtet

Man sollte sich »Schmutz« als Aggregat aus Komponenten vorstellen, die in sich jede ihren Wert hat, quasi als eine Verbindung von einzelnen Elementen. *Kalk* zum Beispiel ist ungemein nützlich, wenn man Tafelkreide benötigt, er macht auch die Besonderheit des Marmors aus. Nur stört er auf den Düsen des Duschbrausekopfs wie in den Arterien. Der Kalk ist quasi nur dysfunktional verteilt auf der Welt. Aber er ist an sich kein Feind! Die *Küchenschmiere*, als Wort bereits nachgewiesen im Deutschen Wörterbuch der Gebrüder Grimm, besteht doch eigentlich nur aus Staub und dem Fett, in dem man mal seine Köstlichkeiten gekocht hat. Einer meiner Lieblingsschmutze ist der sogenannte *Biofilm*. Er etabliert sich an Grenzschichten, die mit Wasser in Kontakt treten und existiert fast überall, besonders gerne aber auf Kunststoff. Im Haushalt ist er an einigen Stellen schön zu sehen: im Spülbeckenablauf, im Überlaufloch des Waschbeckens oder auf der Innenseite des Gummistöpsels. Der Biofilm ist ein wahres Biotop, das sich als Lebensgemeinschaft von Protozoen, Bakterien, Algen, Pilzen etc. auf einer polymeren Matrix ausbildet und mit einer gelartigen Schutzhülle überzieht, die von den Mikroorganismen selbst ausgeschieden wird. Sie haben quasi einen Wintergarten. Sprüht man Wannenspray und glaubt daran, dass es ohne Wischen geht, dann ist das für die Biofilm-Lebensgemeinschaft in etwa so, als wenn es draußen regnet, man aber innen gemütlich beim Käsekuchen sitzt. Ideale Matrizen für die Ausbildung eines Biofilms sind Rückstände von Make-Up oder Creme auf Gummi und Silikon. Dann kann es für die Mikroben losgehen!

Wenn man sich mit Schmutz auseinandersetzt – und ohne das geht es nicht, wenn man die Fertigkeit des Putzens erlangen will –, dann begreift man folgendes Prinzip: Zuerst bildet sich immer eine Unterlage (Kalk, Fettfilm, etc.), an der etwas haften kann, und dann siedeln sich erst Lebewesen an! Wer den Kalk schon sieht, kann davon ausgehen, dass er auch schon bewohnt ist. Die Bildung von *Rost* beschleunigt sich durch Bakterien. Auch für Bakterien gilt übrigens, dass sie lieber im Altbau (also in schon länger haftendem Kalk) als im Neubau wohnen. Deshalb bewahrheitet sich letzten Endes doch eine alte Regel: Der beste Schmutz ist der, der gar nicht erst entsteht.

Hier setzt die Pathologie an und nicht etwa beim Putzzwang, der ja gesellschaftlich angeraten ist, wenn man als soziabel gelten will. Sondern pathologische Züge zeigen die extremen Schmutz*vermeider*, weil sie nicht putzen können oder wollen. Sie sind es, die sagen »Es gibt kein Frühstück ans Bett, weil das hinterlässt Krümel!« Schmutzvermeider üben *Macht* aus, weil sie mit Putzaktionen drohen bzw. mit deren Verweigerung. »Ich putze das dann aber nicht weg!« Das zeigt auch, dass man die Verantwortung für das Putzen nicht übernehmen will, und dafür gibt es gute Gründe, wenn sie im Haushalt ungerecht verteilt ist. Aber bei der Putzdrohung geht es nicht um den alltäglich anfallenden Schmutz, sondern um Sonderaktionen und Dinge, die das Leben erst richtig schön machen. »Wenn Du Dir unbedingt einen Kaschmirpulli kaufen willst, bitteschön, aber der braucht Handwäsche!« »Weißt Du, wie viel Haare ein Hund hinterlässt? Wenn wir uns einen anschaffen, dann kannst DU immer staubsaugen.« »Bratkartoffeln? Um Gottes Willen, die Fettspritzer!« So kann das Leben ganz schön traurig werden. Die proaktive Putzdrohung ist einer der häufigsten Gründe zum Konsumverzicht. Und sie hat die Designvielfalt langweilig werden lassen, weil es immer mehr darum geht, ob man ein Ding schnell putzen oder waschen kann. Putzen wir also lieber mit mehr Begeisterung, vielleicht konsumieren wir dann noch mehr und vor allem wieder die schönen, ornamentalen, verspielten Dinge mit vielen Vorsprüngen, Winkeln und Ecken, in denen sich was ansammeln kann.

Es gibt, zivilisatorisch bedingt, auch aussterbende Schmutzarten. Dazu gehört bald der *Urinstein*, und ich meine hier wirklich den Stein. Vielleicht gibt es ihn gut sichtbar noch in einigen alten öffentlichen Toiletten. Der Urinstein hat im Haushalt historisch nur eine kurze Lebensdauer gehabt, denn als man noch Nachttöpfe hatte und täglich auswusch, konnte er sich gar nicht richtig entwickeln. Seine letzte Zuflucht hat er heute unter dem Toilettenrand, aber hier ist die gesellschaftliche Putzerziehung ausnahmsweise weit gediehen – fast jeder weiß heute, dass man auch unter dem Rand putzen muss (wenn auch nicht mehr unbedingt, warum). Der Urinstein gehört zu einer Schmutzgroßgruppe der Ablagerungen, die man *Sinter* nennt, zusammen mit dem Weinstein und dem Kesselstein. Urinstein ist eigentlich ein Wunderwerk der Natur, eine kristalline Form, die aus der Reaktion von Harnsäure (aus dem Urin) mit dem Kalk (aus dem Wasser) entsteht. Zusammen mit anderen Elementen und Molekülen entsteht eine komplexe, harte, mineralische Ablagerung aus Carbonaten, Phosphaten und Sulfaten, in der sich auch Hydroxylapatit findet. Daraus bestehen Knochen und Zahnschmelz des Menschen. Mineralische Rohstoffvorkommen im Boden sind vergleichsweise selten. Seien Sie doch froh, wenn Sie die Chance bekommen, Urinstein zu sehen! So lange es nicht in Ihrer eigenen Toilette ist. Die Putzbildung ist aber doch soweit zurück gegangen, dass viele glauben, Urinstein sei dasselbe wie der Klostein, der gegen Urinstein wirken soll.

So wie es aussterbende Schmutzarten gibt, gibt es auch verschwindende Putzwerkzeuge. Selbst in gut sortierten Supermärkten ist es schwierig geworden, einen Teppichklopfer aus geflochtenem Weidenbast zu bekommen. Nur in alten Wohnvierteln finden sich noch im Hinterhof Teppichklopfstangen; in modernen Wohnungen muss man dafür die Balkonwand oder die Fensterbank nehmen und staubt diejenigen ein, die unter einem wohnen. Außerdem funktioniert es nicht richtig, weil der Teppich nicht frei schwingen kann. Gerade bei hochflorigen Teppichen kann der Staubsauger auch heute noch das Teppichklopfen per Hand nicht ersetzen.

Eine Aufwertung hat ein anderes Reinigungswerkzeug erfahren: der Radiergummi. Von Schülern liebevoll als »Ratzefummel« tituliert, wird er immer weniger in der Schule eingesetzt (anders als der Tintenkiller), dafür aber in den lustigsten Formen gesammelt. Eine Spezifikation bekommt der Radiergummi jüngst auch als für den Haushalt verkaufter »Schmutzradierer« für verschiedene Schmutze bis hin zu Algenablagerungen. Das Prinzip ist immer gleich: die Adhäsionskraft des Kautschuks oder PVCs muss größer sein als die des Schmutzes, wenn man ihn wegbekommen will. Der Radiergummi ist ein Werkzeug, das sich selbst verbraucht und deshalb immer auch Schmutz erzeugt: den Abrieb. Er galt einst als akademischer Schmutz, der als letzter Rest vom Denken übrig blieb, wenn man seine Marginalia, an den Rand einer Seite geschrieben, wieder ausradiert hatte. Man fegte den Abrieb mit der Hand aus der Buchseite weg, quer über den Schreibtisch. Das war immer eine befreiende Tätigkeit, nachdem man ein Argument durchdrungen hatte.

Nicht so heute. Die weitverbreitete Nutzung des Textmarkers in Neon-Farben hat dazu geführt, dass man seine kommentierenden Gedanken zu einem Text jetzt oft einfach weglässt. Bibliothekare können ein Lied auf die glücklichen Zeiten singen, als man mit Bleistift unterstrichene Passagen aus entliehenen Büchern noch wegradieren konnte. In Schulen wird das richtige Radieren immer weniger unterrichtet, z. B. dass man das Blatt mit seinen Fingern zu spannen hat, damit es nicht einreißt oder knittert. Auch erklärt den Kindern niemand mehr, wie man einen schmutzigen Radiergummi wieder sauber bekommt. So las ich in einem Schülerblog den verzweifelten Aufschrei, dass jemand seine Radiergummis in die Waschmaschine gegeben hatte, anstatt einfach entweder auf einer rauen Fläche den Schmutz abzuradieren oder den Radiergummi mit Schleifpapier zu bearbeiten. Die Unkenntnis des Materials bei gleichzeitigem Anspruch auf Sauberkeit wird schon früh gebildet.

Es gibt auch Schmutze, die gar keine sein dürfen. Hier gibt es ausdrückliche Reinigungsverbote! Ein Reinigungsverbot gilt etwa für japanische, gusseiserne Teekessel. Sie können allenfalls mit Fett unter hohen Temperaturen versiegelt, aber dürfen nicht geputzt und geschrubbt werden, weil sie sonst rosten. In Japan, aber auch in Beduinenkulturen steigt der Wert eines Teekessels mit der Zeit, die auch die Ablagerungen umfasst. Ebenfalls dürfen Pfeifen nicht im Ganzen feucht geputzt werden. Pfeifenreinigung ist eine eigene

Wissenschaft mit diversen Spezialgeräten (Schaber, Dreierkralle, etc.), noch dazu abhängig davon, aus welchem Material das Mundstück ist. Die sich in und an einer Pfeife ansammelnden Schmutze haben sogar eigene Namen wie etwa »Schmand«. Viele Pfeifenraucher schwören übrigens auf eine Feuchtreinigung mit Cognac. Ferner darf all jenes nicht gereinigt werden, was durch seine Patina auf sein Alter und damit auf seinen Wert hindeuten soll. Dies ist z. B. bei manchen Objekten aus Edelmetallen, Hölzern und Leder der Fall. Auch Perserteppiche sollten nicht bzw. möglichst selten gereinigt werden. Putzen ist also immer *objektspezifisch*, weshalb umfassendes Putzen Spezialkenntnisse über die Natur der Objekte und den Einsatz der Mittel verlangt.

Im Hinduismus erzählt man sich über den Gott Krishna, dass er wiederholt Schmutz gegessen habe. Seine Mutter Yasoda wollte im Schlund nachsehen, aber Krishna weigerte sich vehement, den Mund zu öffnen. Irgendwann gelang es Yasoda, Krishnas Mund zu öffnen. Sie erblickte etwas Wunderbares: in dem Mund befand sich das Universum in seiner ganzen Vielfalt, die Einheit des Alls. – Ist das nicht eine schöne Einstellung zum Schmutz: die Einheit des Alls? Er ist das ganze Universum. Wie sollte man das bekämpfen wollen? Lägen darin nicht totalitäre Züge? Das Christentum, das durch die Gleichzeitigkeit von Körperverehrung und Leibverachtung gekennzeichnet ist, könnte von anderen Religionen durchaus lernen. Zum Beispiel vom Islam: regelmäßiges Füße waschen und Schuhe ausziehen, bevor man den Teppich betritt, führt unweigerlich zu weniger Schmutz auf dem Boden. Es ist sicher kein Zufall, dass die sogenannte Putz-Pantoffel im Westen erfunden wurde: ein Hausschuh aus Mikrofaser. Wenn man mit diesen Pantoffeln durch die Wohnung läuft, staubt man gleichzeitig den Boden ab. Glauben das einige Menschen wirklich? Man läuft doch eher selten unter seinem Sofa, würde ich meinen. Immer wieder geht es um Zeitersparnis – beim Laufen Staub wischen! –, weil Putzen eben als Zeitverschwendung stilisiert wird. Diese Denkart ist überdenkenswert. Denn sie hat auch zu den Jogging-Kinderwägen geführt, damit Mama oder Papa gleichzeitig trainieren und auch das Kind der Frischluft aussetzen können. Ist doch egal, wenn das Kind durch den Fahrtwind Bindehautentzündung bekommt und schon im zarten Alter von einem Jahr mit der Angst vor Zeitverlust vertraut gemacht wird. Wahrhaft zu putzen bedeutet, sein Leben zu entschleunigen. Es hat deshalb etwas Kontemplatives.

Putzen ist auch eine interkulturelle Erfahrung. In den 1990er Jahren lebte ich ein halbes Jahr in Kairo. Zu der Wohnung gehörte eine Putzfrau, d. h. man mietete sie mit. Die Putzfrau blieb beständig, die Mieter nicht. Keine schlechte Idee. Allerdings kannte meine Putzfrau noch nicht das moderne, westliche Gerät der Zahnbürste, oder, wenn sie es kannte, ignorierte sie es.

Sie reinigte ihre Zähne nach traditioneller ägyptischer Art mit einem Mastix-Stäbchen. Jedes Mal, wenn sie die Wohnung geputzt hatte, fiel mir auf, dass meine Zahnbürste nass war und merkwürdig roch. Irgendwann fragte ich sie, ob sie sie benutze. Sie lächelte freudig und sagte, ja, jedes Mal, man käme damit wunderbar unter den Toilettenrand … Ich habe ihr damals verboten, das Badezimmer zu putzen. In der Küche kann sie weniger Schaden anrichten, redete ich mir ein, und ich guckte einfach nicht nach, was sie tat. Meine Zahnbürste sperrte ich auf jeden Fall weg. Ich weiß auch nicht, woher der in Deutschland etablierte Tipp kommt, alte Zahnbürsten noch zum Schuhputzen zu verwenden. Das ist widerlich und hochgradig ineffizient, es sei denn man hat Schuhgröße 36, da schafft man es vielleicht in zwanzig Minuten pro Schuh, mit einer Zahnbürste die Schuhcreme aufzutragen. Vielleicht stammt der Rat aus einer Zeit, in der Zahnbürsten aus Pferdeborsten gemacht wurden? Moderne Plastikborsten ruinieren allerdings eher das Leder, als dass sie bei seiner Auffrischung helfen würden. Auch beim Schuhputzen gilt, dass Handarbeit noch gefragt ist. Das Nachpolieren hat bislang keine Schuhcreme und auch kein Imprägnierspray überflüssig werden lassen.

Eine zweite interkulturelle Putzerfahrung hatte ich in Abu Dhabi, wo ich zwei Jahre lebte. Dort baut man die Wohnungen und Villen standardmäßig so, dass es ein ca. 5 Quadratmeter großes Zimmerchen gibt, das für die *maid* gedacht ist. Die Putzfrau bzw. das Hausmädchen lebt mit der Familie im Haus, aber in einer Art Abstellkammer. Nur eine Matratze, ein kleiner Schrank und ein Tischchen mit Fernseher passen hinein. Die *maids* kommen meistens aus Thailand, den Philippinen, Bangladesch oder Vietnam; strenge Muslime beschäftigen nur solche aus Indonesien oder Malaysia, d. h. aus Ländern mit vorwiegend muslimischer Bevölkerung. Das Familienoberhaupt beantragt das Visum für die *maid*, die dann zeit ihres Aufenthalts als Gastarbeiterin dem Willen der Gastfamilien ausgesetzt ist. Die Arbeitszeiten werden nicht kontrolliert, Gewerkschaften gibt es nicht. Alleinstehende Männer dürfen übrigens keine *maid* beantragen, alleinstehende Frauen schon. Ich habe viele Kollegen und Kolleginnen aus Europa, den USA und Kanada gehabt, die dort einen neokolonialen Lebensstil auslebten, sich erst einmal ein 20-Liter-Auto kauften (meistens einen *Hummer*) und dann eine philippinische *maid* beschäftigten, die in dieser Abstellkammer schlief. In ihren Heimatländern hätten sie sich das nicht getraut. »Aber bei uns hat sie es besser als in anderen Familien«, hörte ich oft. Auch dort wurde ich darauf hingewiesen, mir doch bitte eine *maid* zuzulegen, weil es als Professorin schlecht für meinen Ruf sei, wenn ich keine hätte – würde dies doch bedeuten, dass ich selber putzen würde! Ich verzichtete, bezahlte aber zweimal im Monat einen pakistanischen Mann, der den Boden wischen und vom Sand befreien wollte. In Abu Dhabi begriff ich zum ersten Mal den elitären Drang, durch Dienstboten zeigen zu wollen, dass man es sich leisten kann, bestimmte Arbeiten gar nicht erst tun zu müssen. Und so ist auch für einige in Europa und darüber hinaus doch noch der alte Standesdünkel der Grund, sich eine Putzfrau zuzulegen wie man sich einen Hund zulegt – und nicht die angebliche Zeitersparnis. »Ich habe keinen Swimming Pool, aber ich habe Personal!« (Georgette Dee).

Es war umständlich, dem pakistanischen Putz-Mann zu erklären, dass man eine 250 qm Villa (mir zugeteilt, wg. feudalem Lebensstil!) nicht mit *einem* Eimer Wasser wischen könne. Er, ein Kind der Wüste, erachtete Wasser aber als etwas Kostbares und wrang den Lappen auch noch aus, als das Wasser schon schwarz war. Eigentlich hatte er Recht, aber ich komme aus einer Kultur, in der Sauberkeit vor Wassersparen steht. Er kam aus einer Kultur, in der man in erster Linie fegt, was bei der niedrigen Luftfeuchtigkeit oft auch reicht, denn alles klebt weniger fest. Schimmel bildet sich viel seltener. Wegen des Sandes fegt man eigentlich jeden Tag, nicht nur einmal in der Woche (Kehrwoche!). Nun, ich brachte ihm bei, das Wasser häufiger zu wechseln. Weil er es aber beim Wischen schonungslos in die Mehrfachsteckdosen feudelte und auch meine versandeten Aktenordner mit dem Mopp traktierte, teilte ich ihm irgendwann mit, dass ich ihn nicht mehr zum Wischen bräuchte. Er wusch dafür mein Auto, was er ohnehin viel lieber tat. Ich entschloss mich, den Wüstensand, der täglich durch alle Ritzen dringt, gern zu haben. Denn Sand ist ja nur Silikat, d. h. aus Silizium, also eigentlich kein Schmutz. Ich freundete mich mit ihm an, schloss einfach zwei Zimmer, die ich in dem riesigen Haus ohnehin nicht brauchte, und ließ sie über die Monate einsanden. Den Rest putzte ich selbst, wie immer mit Vergnügen.

Warum überhaupt putzen?

Ich habe erläutert, warum ich gerne selber putze. Aber warum soll man überhaupt putzen? Dies ist die grundlegendere Frage. Denn hier offenbart sich, dass das Wort »putzen« ganz Verschiedenes meinen kann: z. B. aufräumen, säubern, reinigen, desinfizieren, sterilisieren, pflegen, vorzeigbar machen. Weniger bekannt ist, dass Putzen auch Lernen bedeutet. Dazu später.

Zunächst muss man sich eine Glaubensfrage stellen, die da lautet: Glaube ich an Schmutz, den man augenscheinlich gar nicht sehen kann? Wer diese Frage mit »Ja« beantwortet, gehört zu den Hobby-Hygienikern (s. Kap. III), die einer speziellen Erörterung bedürfen. Alle anderen putzen nur das, was offensichtlich schmutzig ist. Es wird zunächst vom Grobschmutz gesäubert und dann weiter behandelt. Das Stichwort ist *Reinigen* und das ist heute der Hauptgrund des Putzens. Der Idealzustand der Reinheit zeigt sich gemeinhin in der Farbe Reinweiß, weshalb traditionell die meisten Sanitäranlagen weiß sind. Nun gibt es Spielräume, was »offensichtlich« meinen soll. Ein Ausweg ist, sich teure dunkelgraue Waschbecken und Fliesen aus Naturstein zuzulegen, die gemasert sind. Darin sehen Sie keinen Schmutz mehr, ergo putzen Sie nur auf Verdacht, wenn Sie überhaupt putzen. Ich persönlich misstraue Menschen, die sich so etwas für das Bad anschaffen, meine Toleranzgrenze ist bei Sanitärkeramik in Altrosa und Bahamabeige erreicht. Aber ich misstraue auch Menschen, die sehr lange lackierte Fingernägel haben, weil man darunter den Schmutz nicht sieht. Lange Fingernägel sind ein kultureller Code um zu zeigen »Ich habe es nicht nötig, zu putzen« so wie gebräunte Haut zeigen soll, dass man sich Urlaub am Meer oder in den Bergen leisten kann.

Zum Beispiel können Sie auch zum Optiker gehen und Ihre Brille oder Haftschalen eine halbe Dioptrie schwächer anpassen lassen – schon sehen Sie keine Fingerabdrücke auf Lichtschaltern mehr. Laden Sie aber bitte nur kurzsichtige Gäste ein, denn eines ist klar: Putzen tut man nicht nur für sich, sondern für die anderen, um die Wohnung *vorzeigen* zu können. Es ist wie beim Auftragen von Make-up oder beim Rasieren, ein kosmetischer Effekt, der anderen zeigt, dass man *soziabel* ist. Man kann natürlich einige Zimmer abschließen, wenn sich Besuch ankündigt. Der Schmutz ist dann zwar ersichtlich, aber nicht mehr offensichtlich.

Bad und Toilette müssen aber immer sauber sein, da führt kein Weg d'ran vorbei. Hier herrscht Putzzwang, um das Wort einmal angemessen zu gebrauchen. Wenn Ihre Ekelgrenze hoch liegt, dann wird sie herausgefordert bei Besuch. Deshalb ist einer der Gründe zum Putzen immer auch: *Vortäuschen!* Auch das will gelernt sein. Ein Wannenspray, kurz vor Kommen des Besuchs aufgetragen, führt zumindest zu frischem Geruch, als sei wirklich geputzt worden. Die olfaktorische Illusion ist die größte Waffe desjenigen, der für andere aus kosmetischen Gründen putzt. Wenn es sauber riecht, sieht man den Schmutz weniger, quasi eine Sinnestäuschung (und nochmal: Lufterfrischersprays gehören verboten, man riecht sie sofort und weiß dann, dass es eigentlich schmutzig im Raum ist!). Kaufen Sie deshalb keine Neutralseife, wenn Sie in erster Linie für andere putzen wollen, sondern einen Reiniger mit Citrusfrischeduft – dies ist der Duft, der Besucher aller Altersklassen an Sauberkeit denken lässt (Oma putzte ja noch mit Zitronensäure!), wohingegen neumodische Düfte wie Mango-Maracuja eher den Eindruck hinterlassen, der Obstsalat sei kurzfristig den Abfluss hinunter gewandert, weil er im Kühlschrank schon wochenlang vor sich hin gegammelt hat. Rosenduft wirkt auf manche süßlich-unangenehm und was »alpenfrisch« bedeutet, habe ich noch nie verstanden – riecht Schnee etwa doch, wie die Eskimos sagen? Waschbecken mit Badreiniger geputzt, nachgetrocknet und Armatur poliert, Toilettensitz und -deckel mit einem Desinfektionstuch abgewischt und eine Urinsteintablette ins WC geworfen (wenn Sie selten putzen) – so können Sie zumindest verhindern, dass man schlecht über Sie spricht. Gästehandtücher bereit legen, vorher die Handtuchstange mit einem Mikrofasertuch polieren, die Seifenschale auswaschen und mit neuer Seife bestücken und zuletzt den Badezimmerabfalleimer leeren – und man wird Sie für aufmerksam und reinlich halten. Als Täuschungsmanöver können Sie ein Fläschchen Hand-Desinfektionsmittel auf der Ablage drapieren – und man wird Sie für besonders hygieneorientiert halten. Sollte ihre Klarsicht-Duschkabine allerdings verkalkt sein, weil Sie den Abzieher nach dem Duschen nicht regelmäßig verwenden, haben Sie ein Problem. Denn das lässt sich nicht in wenigen Minuten regeln und fällt jedem auf. Kaufen Sie sich lieber wieder einen Duschvorhang, den kann man vorziehen, wenn man die Duschtasse nicht geputzt hat – achten Sie dann aber darauf, dass der Besuch nicht über Nacht bleibt!

Es gibt gute Gründe, warum man früher ein Gäste-WC in Wohnungen einbaute, kurz nachdem man überhaupt WCs in Wohnungen einbaute. Das Gäste-WC mit Klosett, Handwaschbecken und einfacher Glasablage für Gästehandtücher war schnell zu putzen und enthielt nichts Persönliches. Heute hält man es beim Bau städtischer Standard-Wohnungen in Mehrfamilienhäusern oft für überflüssig, man nutzt den

Platz anders. Niemand hat ans Putzen gedacht. So darf also jeder Besucher einen Blick auf die privaten Räume genießen, und der privateste Raum ist nicht, wie Puritaner meinen, das Schlafzimmer (was soll man da schon sehen außer der Bettwäsche?), sondern das Badezimmer mit integriertem WC. Die meisten Ehen scheitern im Badezimmer, nicht im Schlafzimmer. Und wenn man mal genau betrachtet, warum die berühmte, nicht zugedrehte Zahnpastatube angeblich ein Grund für Beziehungsstreit sein soll, dann geht es nicht – wie Psychologen meinen – nur um andere Unzufriedenheiten, die hier ausagiert werden, sondern um zwei ganz konkrete Fakten: ungeplant auf Druck heraustretende Zahnpasta verschmutzt die Keramik und zu lange offen stehende Zahnpasta härtet im Tubenkanal aus wie sonst nur Silikon in der Spritzkanone. Das ist doch auch ärgerlich, vor allem, wenn man es nicht selbst war!

Was also tun, wenn sich kurzfristig Besuch ankündigt und Sie eher selten putzen? Wenn Sie keinen Spiegelschrank haben, in dem Sie alles verstauen können, was andere nicht sehen sollen (z. B. Anti-Falten-Creme, Tampons, Schuppenschampoo etc.), sondern offene Regale, dann denken Sie mittelfristig über Vorhänge vor den Regalen nach. Aber für den sofortigen Handlungsdruck: Werfen Sie angestaubte und eingefettete Cremedosen, Kämme, Zahnputzbecher, Nagelscheren etc. schnell in die Geschirrspülmaschine und schalten Sie das Schonprogramm an, maximal 30 Grad. In der Zwischenzeit wischen Sie feucht über die Regale, den Boden, dann ordnen Sie die sauberen und trockenen Döschen wieder an. Man kann sie so drehen, dass der Produktname zur Wand zeigt. Mit ein wenig Erfahrung haben Sie in 30 Minuten ein vorzeigbares Bad, wenn auch kein geputztes. Wichtig: Hängen Sie den Putzlappen nach draußen oder werfen Sie ihn in die Waschmaschine und machen deren Tür zu. Sonst sieht man, dass Sie extra für den Besuch geputzt haben und das hinterlässt die Frage, ob es wohl besonders nötig war (war es).

Wohlfühlen in den eigenen vier Wänden ist aber der wichtigste Grund zum Putzen. Es gibt Menschen, die sich nur dann in ihrer Wohnung wohlfühlen, wenn sie sie auch vorzeigen könnten. Intrinsische und extrinsische Motivation zum Putzen sind hier in Balance. Für alle anderen gilt: Visionieren Sie sich den Begriff »Überraschungsbesuch«! Es könnte jederzeit so weit sein. Oder, wie eine Bekannte meiner Mutter zu ihrem Ehemann zu sagen pflegte, der darauf bestand, seine löchrigen Unterhosen aufzutragen: »Stell' Dir vor, Du hast heute einen Unfall und musst ins Krankenhaus. Und die Krankenschwester sieht diese Unterhose! Was soll sie dann von dir denken?« Hier wird also an das *Schamgefühl* appelliert, das zwar kein guter Grund zum Putzen ist, aber es ist immerhin ein Grund. Es ist die proaktive Scham, dass sich Besuch vielleicht ekeln *könnte* – und zwar vor Ihnen! Wenn Sie sich nicht mit Scham überreden können, dann vielleicht damit, ein guter Gastgeber sein zu wollen. Auch hier kann man wieder von Kochshows lernen, sagte doch schon Alfred Biolek sinngemäß: »Wenn überraschend Gäste kommen, habe ich im Tiefkühlfach immer Vanilleeis und tiefgefrorene Himbeeren, daraus lässt sich ganz schnell ein wunderbares Dessert zaubern!« Da hat auch niemand gefragt, ob eigentlich was für den Hauptgang eingefroren ist. Ergo: Halten Sie Gästeseifen und Gästehandtücher bereit. Und wenn Sie einen dieser Seifenspender mit Flüssigseife haben: Überprüfen Sie um Gottes Willen vorher, ob er auch noch Flüssigseife durchlässt und ob er außen seifenfrei ist! Das ist er fast nie. Mit Handseife war alles noch einfacher, als man die magnetischen Seifenhalter hatte, wo das Gegenstück in die Seife gebohrt wurde. In Italien findet man diese sinnvolle Erfindung noch häufig.

Wenn all das nichts hilft, setzen Sie sich ein fixes Datum zum Putzen. Gut ist z.B. der 19. November, denn das ist der Welttoilettentag und gleichzeitig der Weltmännertag! Wenn Sie Glück haben, dann ist da auch noch der Welttag der Philosophie, der am dritten Donnerstag im November gefeiert wird. 2009 war dies der Fall: ein 19. November, an dem Männer sich feiern durften und dabei gleichzeitig die Toilette putzen und philosophieren hätten können.

Übrigens haben wir aus den Beispielen schon gelernt, dass sich die Anschaffung eines einfachen Spiegelschrankes lohnt, hinter dem alles verschwindet. Der ist mit Glasreiniger und einem Wischer mit Abziehlippe ruckzuck sauber. Generell gilt es, offene Regale zu vermeiden, übrigens auch bei Büchern. Nichts ist zum Schutz der Bücher und zum Vermeiden des Putzens so sinnvoll wie ein Bücherschrank. Hier lässt sich wirklich Zeit sparen, denn wer viel liest oder generell viel sammelt, hat bei offenen Bücherregalen viel abzustauben. Ein absoluter Unfug ist es auch, in der Küche Geschirr in offenen Wandregalen oder in Tellerwandborden im *Vintage*-Stil aufzustellen (englischer Landhausstil!). Zu diesem Stil gehört eine natürliche (meist aber künstlich erzeugte) Patina, z. B. ein abgeplatzter Lack am Regal, aber das darin lagernde Geschirr sollte doch sauber sein. Der *Vintage*-Landhausstil ist eine Reminiszenz an den feudalen Lebensstil, als man eben noch Landsitze hatte. Es gibt drei Ausnahmen für die Lagerung von Geschirr in offenen Tellerborden: a) Sie putzen gerne, b) Sie haben eine Großfamilie, wo das Geschirr täglich komplett in Benutzung ist oder c) Sie kochen gar nicht. Ansonsten staubt freistehendes Geschirr ein und das heißt in der Küche: Es staubt zusammen mit Fettpartikeln ein. Verstauen Sie in der Küche alles hinter Türen soweit es geht und legen Sie oben auf den Küchenschränken Zeitungspapier aus, das den Fettfilm aufsaugt. Einmal im Jahr entsorgen Sie das Papier. Hat man erst einmal den Schritt auf die vierte Stufe der Leiter geschafft, fallen einem noch ganz andere schmutzige Dinge auf (z. B. Lampenschirme von oben, Oberkanten von Türrahmen, etc.). So ist das mit dem Perspektivenwechsel. Denken Sie immer daran, bevor Sie eine Leiter aufstellen, sich in der nächsten Stunde nichts vorzunehmen.

So gelangen wir zu einem weiteren Grund, warum man putzen sollte: um die Dinge funktionsfähig zu erhalten (*Funktionalität*). Vieles, was verschmutzt, kann seinen Zweck nicht mehr optimal erfüllen. Zum Beispiel verklebte Computertastaturen, unter denen sich Brotkrümel sammeln; verkalkte Duschbrauseköpfe; Handrührmaschinen, bei denen der Rührteig einst über die Rührbesen hinausgetreten ist und deren Befestigungslöcher nun blockiert; Küchenscheren, deren Klingen verklebt sind, weil man damit hintereinander die Plastikverpackungen des Gorgonzola-Käses, der neuen Gewürzmischungstüte und die frisch angezogene Brunnenkresse geschnitten hat; vereiste Kühlfächer, etc. Das Abtauen eines Gefrierschranks führt jedes Mal dazu, das Gefriergut neu zu sortieren, das Mindesthaltbarkeitsdatum zu prüfen und die Schubladen zu putzen. Putzen und Sortieren gehen deshalb grundsätzlich Hand in Hand, außer für Oberflächenputzer, die alles nur schnell wegräumen, damit die Fläche wieder frei ist und es dann wieder hinstellen (klassischer Büroputz-Stil). Wenn Sie regelmäßig den Kühlschrank und das Gefrierfach putzen, werfen Sie weniger Lebensmittel weg. Kontrolliert eigentlich Ihre Putzfrau das Mindesthaltbarkeitsdatum der Lebensmittel in Ihrem Kühlschrank? Eben. Und es ist nicht wahr, dass *alle* Bakterien bei -18 Grad absterben. Sie teilen sich nur bedeutend langsamer. Ich erwähne das, falls Sie denken, dass man seine Gefrierschrankschubladen nicht ab und an putzen muss.

Ein weiterer Grund zu putzen liegt im *Energiesparen*. An den Heizlamellen verstaubte Heizkörper strahlen wesentlich weniger Wärme ab als saubere; außerdem wirbeln sie im Winter konstant Staub durch die Luft. Verstaubte Kühlrippen am Kühlschrank kosten Energie. Und geputzte Fenster lassen Sie später das Licht anschalten. Wenn man in einer sehr hellen Wohnung wohnt, kann man natürlich auch so argumentieren, wie es meine beste Freundin tut (die mit der Schweinskopfsülze): »Ich putze keine Fenster, denn erstens mag ich die Atmosphäre, wenn es immer so neblig ist wie im November und zweitens spare ich mir ein Verdunkelungsrollo!« Nun gut. Diese Haltung lässt sich weiter ausbauen: Sie können z. B. morgens immer schwimmen gehen und dabei im Hallenbad duschen (s. Kap. I), dann auf dem Weg ins Büro einen *Coffee-to-go* einnehmen, mittags in der Kantine essen, bis in die Puppen arbeiten, sich dabei eine Pizza liefern lassen, und sich nur noch zu Hause aufhalten, um die Waschmaschine anzustellen und dann ins Bett zu fallen. Am Wochenende sind Sie auf Golfturnieren oder Coachings und schlafen im Hotel. Ich kenne nicht wenige Leute, die so leben (»Unternehmensberater-Lebensstil«) und meinen, dass sie nicht putzen brauchen, weil sie ja auch nicht wohnen.

Die traurige Erkenntnis ist aber, dass eine Wohnung gerade dann besonders schmutzig wird, wenn man nicht in ihr wohnt.

Ein nächster Grund zu putzen ist die *Pflege* des Materials im Dienste seiner Langlebigkeit, klassischerweise das Leder beim Schuhputzen. Bitte erst den Dreck entfernen und dann die Schuhcreme auftragen: säubern und pflegen sind zwei verschiedene Akte. Sie wollen doch nicht den Dreck ins Leder einmassieren. Verwenden Sie den Lappen, den Sie zum Schuhputzen verwenden, grundsätzlich nicht für andere Putzaktionen. Es macht übrigens durchaus Sinn, für die Pflege von Chrom oder verchromtem Messing ab und zu einen Spezial-Edelstahlreiniger zu verwenden (nachpolieren!). Denken Sie daran, auch Gummidichtungen, z.B. in Fenstern, ab und an einzufetten, damit das Gummi nicht porös wird. Möbelpolitur kann auf alten Möbeln wahre Wunder bewirken, alternativ Möbelwachs. Für die Reinigung von Brillen und Schmuck, d.h. körpernah getragenen Artefakten, lohnt sich der Kauf eines Ultraschallreinigungsgerätes. Wählen Sie das Gerät in einer Größe, dass Sie auch CDs darin reinigen können. Passen Sie allerdings bei Modeschmuck auf, insbesondere wenn er pulverbeschichtet ist (z.B. bei Überzügen in Mattgold), denn diese künstliche Patina wird beim Ultraschallreinigen angegriffen. Man erhält hässliche Läsuren auf dem Metall. Und denken Sie nicht zuletzt daran, Wasserkocher und Kaffeemaschine ab und an zu entkalken. Der Kaffee schmeckt danach besser und das Gerät braucht weniger Strom.

Ein anderer sinnvoller Grund zum Putzen ist die *Fitnesserhöhung*. Putzen ist ganz schön anstrengend, wenn man weiß, dass ein Raum dreidimensional ist und man hohe Decken hat. Oberflächenputzer hingegen erfassen nur die Zweidimensionalität der Fläche. Der Raum ist voller Dinge, die geputzt werden wollen, in allen Höhen- und Tieflagen. Durch das ständige Bücken, Aufstehen, Raufklettern auf Leitern, Arme ausfahren, Recken, Möbel rücken, Teppiche aufrollen etc. trainieren Sie alle Muskelgruppen. Zum Beispiel, wenn Sie sich aus dem Fenster lehnen, um sie von außen zu putzen, auch die selten benutzten Muskeln der schrägen Bauchmuskulatur (oder machen Sie Bauchtanz oder reiten ein Kamel?)! Das gründliche Saugen einer mit Teppich ausgelegten 100 qm Wohnung kann ohne Weiteres über eine Stunde betragen, bei der man konstant in Bewegung ist. Ärztinnen und Ärzte sollten das Putzen bei ihrer Anamnese berücksichtigen, wenn sie fragen: »Wie oft machen Sie in der Woche Sport?«

Ein vorerst letzter, wenn nicht der wichtigste Grund zum Putzen, ist das *Lernen*. Erstens lernen Sie etwas über die Materialien der Gegenstände, mit denen Sie sich umgeben. Zweitens lernen Sie etwas über die technische Funktionsweise von Geräten, wenn Sie sie zum Putzen auseinanderschrauben. Drittens lernen Sie etwas über Chemie und Biologie, wenn Sie sich mit Inhaltsstoffen von Reinigern beschäftigen und auf was sie wie wirken. Viertens lernen Sie eine Menge über Beschichtungen, wenn Sie sie erhalten wollen. Fünftens lernen Sie etwas über die Konstruktion von Möbeln, Griffen und Blenden, die leicht zu putzen sind, worauf Sie beim nächsten Möbelkauf achten werden. Sie lernen aber auch eine Menge über sich. Denn beim Putzen hat man Zeit, über sich nachzudenken und Geduld zu üben. Oder ein größeres philosophisches Problem zu bearbeiten, wie z. B.: Warum bin ich eigentlich da? Und war der Schmutz schon vor mir da oder erst nach mir? Hatte Aristoteles mit seiner These von der *generatio spontanea* nicht doch recht, dass nämlich Leben aus Dreck entstehen kann?

Was Sie tun können, wenn Sie wirklich gerne putzen (oder wenn nicht)

Sollten Sie zu der seltenen Spezies gehören, die wirklich gerne putzt (so wie ich – habe ich es schon erwähnt?), dann rate ich Ihnen folgendes:
– Suchen Sie sich eine Wohngegend mit hohen Wasserhärtegraden. Denn wenn schon Kalkflecken putzen, dann aber richtige!
– Ziehen Sie unbedingt in einen Altbau. Nirgends gibt es so viel zu putzen wie hier. Rohre, die noch auf Putz verlegt wurden und jeden Schmutz an sich ziehen, von Staub nicht zu reden – wunderbar! Aufputz-Toilettenspülkästen und Stand-WCs mit verschachtelten Rohrmanschetten, an denen sich Schmutzrän-

der bilden – tja, frei schwebende Hänge-WCs mit Unterputz-Spülkasten zu reinigen ist ja etwas für Anfänger, aber nichts für passionierte Putzer. Mindestens 3 Meter hohe Decken – grandiose Aussichten, am besten noch mit Stuck, da hält sich allerhand d'rin. Hohe Fenster mit Oberlichtern, die nicht nach innen zu öffnen sind, da denkt man auf dem Fenstersims im dritten Stock wenigstens über die eigene Endlichkeit nach. Parkettboden, nur nebelfeucht zu reinigen, was so gut wie keinen Schmutz löst (Gummispachtel per Hand!), und nur mit Spezialwachs nachzupolieren ist: großartig! Kassettentüren! Und wenn Sie Glück haben, noch ein Kamin – Rußpartikel und Flugasche, die sie sonst nur erreichen können, wenn Sie Raucher sind! In einen Altbau können Sie richtig Zeit investieren zum Putzen. Putzverweigerer hingegen mieten sich am besten ein Loft: bei Decken in Industriehallenhöhe sehen Sie auch keinen Schmutz mehr und eine Putzfrau können Sie sich wegen der explodierenden Heizkosten nicht mehr leisten.

– Wer im Neubau wohnt und so richtig gerne putzt, der sollte sich eine offene Wohnküche anschaffen. Fantastische Idee! Alle Küchendünste und Fettablagerungen breiten sich großflächig bis auf die Polstermöbel aus, was will man mehr. Die nach außen gehende Abluft-Dunstabzugshaube haben Sie ja wohl hoffentlich aus Energieeffizienzgründen abgeschafft (Wärmebrücke!). Sie haben doch Polstermöbel, bei denen man den Bezug mit einem Reißverschluss abziehen und mit Handwäsche waschen kann? Das beschäftigt ungemein, vor allem, wenn man die Bezüge wieder aufziehen will. (Polstererfrischungsspray gehört übrigens auch verboten!). Nichts ist so widerspenstig wie ein Sofapolster aus Kokosfasern mit Naturkautschukkern. Oder lassen Sie sich doch einen Wintergarten anbauen – so viel Fensterfront auf einmal, noch dazu einige in Schräglage, dazu der Schmutz, der vom Vogelkot von außen aufgetragen wird – ist das denn gar nichts wert?

– Suchen Sie sich einen Partner/eine Partnerin, der/die Hobby-Handwerker/in ist. Alternativ ziehen Sie in eine Wohngemeinschaft, in der jemand gerne handwerkt. Sie werden es lieben. Denn während Profi-Handwerker bereits durch die Ausbildungsziele der Industrie- und Handelskammern angehalten werden, den entstehenden Grobschmutz nach dem Handwerken beim Kunden wieder zu beseitigen, hat der Hobby-Handwerker dies noch nie gehört. Es gäbe da schon Möglichkeiten, zum Beispiel die an der Wand durch Sogwirkung haftende Staubsaugeraufsatzdüse mit Bohrlochausschnitt, die den beim Bohren entstehenden Sand und Feinstaub sofort einsaugt. Aber für den Hobby-Handwerker macht das Bohren damit nur noch halb soviel Spaß, wenn er danach nicht richtig eingedreckt ist und der Bohrstaub sich überall verteilt hat. Haben Sie so jemanden im Haushalt, können Sie regelmäßig Fliesen wischen, Gardinen waschen und überhaupt alles von Grund auf immer wieder reinigen.

– Schaffen Sie sich, wenn Sie nicht ohnehin Kinder haben, einen Hund an! Oh welch Putzfreuden durch das ewige Rein/Raus. Mittlerweile gibt es für Staubsauger eine Tierhaardüse, also keine Panik. Alternativ können Sie sich auch eine Perserkatze zulegen. Falls Sie nicht gerne putzen, aber gerne Katzen mögen: Kaufen Sie sich das Sofa passend zur Farbe Ihrer Perserkatze, also cremeweiß oder cognacfarben oder hellgrau (neinneinnein, kein Ledersofa, wenn Sie eine Katze haben – die Tiere haben Krallen!). Sie wissen auch, dass Katzen überdachte Katzenklos nicht so gerne mögen – denken Sie daran, wie viel Sie zu putzen haben werden, wenn Ihr Liebling erst mal ordentlich im Katzenstreu gescharrt hat.

– Quälen Sie Ihre Gäste nicht damit, die Schuhe auszuziehen. Die meisten schämen sich wegen ihrer Socken (sei es die Farbe oder die Qualität), ältere Herrschaften kommen auch nicht mehr so leicht in die Schuhe rein. Nein, lassen Sie sie alles mitbringen, was sie dabei haben, auch den Schmutz. Das sind Sie Ihren Freunden schuldig.

– Legen Sie sich Sprossenfenster zu – da wird Fensterputzen zur Feinarbeit! Und kaufen Sie sich unbedingt Schränke mit Lamellentüren. Wunderbar, über jede einzelne mit dem Antistatiktuch zu streifen und dabei an Kants Kategorischen Imperativ oder die Heisenbergsche Unschärferelation zu denken! Denken Sie bei den Knöpfen und Beschlägen unbedingt daran, dass sie möglichst viele Rillen und Kerben, am besten noch verschnörkelte Ornamente haben. Ein Wattestäbchen in Waschbenzin getaucht macht alles möglich.

– Eine Badewanne mit Whirlpoolfunktion ist auch klasse. Bis die Düsen sauber sind, dauert es ewig. Wenn Sie nicht gerne putzen, lassen Sie sich eine der schicken ebenerdigen Glasduschen einbauen. Die überfluten grundsätzlich das ganze Badezimmer, auch bei der 9 mm hohen Schwallschutzlippe, die man mittlerweile nachbaut. So müssen Sie eigentlich fast nie den Boden wischen, wenn Sie genügend Duschgel verwenden. Wenn Sie die Überflutung beschleunigen wollen, wechseln Sie nicht das Haarsieb in Ihrem Abfluss.

– Kaufen Sie sich als Armaturen bloß keine Einhebelmischbatterien, das ist ja langweilig. Nein, die kreuzartigen Doppel-Armaturen im Retro-Design in Chrom hochglanzpoliert ermöglichen umfangreiches Putzvergnügen, denn es dauert, bis jeder der jeweils vier Kreuzarme poliert ist. Wenn Sie länger putzen wollen, nehmen Sie einfach keine dieser neumodischen Mikrofasertücher, sondern noch alte Baumwolllumpen. Bei etwas Glück sondern die noch einige Fasern ab, die wieder neue Anheftungspunkte für Schmutz liefern.

– Statten Sie Ihr Wohn- und Arbeitszimmer mit vielen Glastischen aus. Die Adhäsion des Schmutzes funktioniert hier besonders gut, wenn sie durch elektrostatische Anziehung unterstützt wird, also durch

Computer, Stereoanlagen, Mehrfachsteckdosen etc.

– Falls Sie glauben, auf Weiß sieht man alles, dann haben Sie noch nichts in Schwarz hochglanz-lackiert gekauft. Hochglanzlackierung verdoppelt optisch den Schmutz, weil er sogar noch einmal gespiegelt wird. Besitzer der pianoschwarzen Smartphones und Tablet-PCs wissen, was ich meine. Ihnen sind lange Nachmittage mit dem Staubtuch sicher, freuen Sie sich d'rauf.

– Dekorieren Sie viel und sammeln Sie alles – oder wollen Sie, dass es bei Ihnen anonym aussieht? Es müssen ja keine Nippesfiguren sein oder irgendein Kitsch, sondern ich habe zum Beispiel 42 Jutetragetaschen aus den Jahren 1982 bis 2001 gesammelt. Die kann man immer brauchen, deshalb muss man sie auch regelmäßig durchwaschen. Außerdem erinnern mich ihre Aufdrucke an längst vergangene Institutionen und Ereignisse wie z. B. »Deutsche Bundespost« oder »Frankfurter Buchmesse 1999«. Wozu noch Photoalben anlegen? Die stauben auch ein.

– Wenn Sie einen Balkon haben: Grillen Sie viel und ausgiebig! Wenn nicht: Nutzen Sie Ihren Backofen, am besten für Blätterteiggerichte. Die Selbstreinigungsfunktion des Backofens ist ein Mythos. Moderne Backöfen erlauben es, zum Putzen die Backofentür auszuhängen – wie sonst sollte man die feinen Blätterteigbrösel wieder aus den Ritzen herausbekommen? (Nein, die Spezialdüse für den Staubsauger funktioniert hier nicht, denn Blätterteigreste sind fettig und kleben fest!).

- Kaufen Sie sich einen Kronleuchter und hängen Sie Samtgardinen auf. Nutzen Sie dazu nicht verdeckte Gardinenleisten mit Sichtblende, sondern offen an die Wand montierbare Gardinenstangen mit Beschichtungen in den Farben Gold, Silber oder Kupfer – die stauben richtig gut ein! Seien Sie kein Spielverderber und kaufen Sie sie nicht in der Version »matt gebürstet«, sondern »glanz«, wenn möglich natürlich »hochglanz«.

Für Einsteiger: Die Grundausstattung

Sollten Sie ein Neuankömmling im Putzuniversum sein – ein Stern ist geboren! – und sich die Frage stellen, was Sie zum Putzen benötigen, dann warten Sie noch ab, bis Sie festgestellt haben, welcher Putztypus Sie sind. In jedem Falle gibt es aber ein paar Geräte und Mittel, die für Jeden zum modernen Putzen unverzichtbar sind:

- Ein Akku-Sauger, der schnell zur Hand und immer aufgeladen ist. Er hilft, Krümel und Haare zu beseitigen, bevor sich die zwei zu größeren Schmutzaggregaten zusammenschließen und mit Fett verbinden können. Bis man zum großen Staubsauger greift, dauert es meistens zu lange.
- Ein Mikrofasertuch, ein Bodenwischtuch, ein Schwammtuch, ein Antistatiktuch
- Ein Universalreiniger (mit Citrusduft?)

- Ein Glasreiniger
- Einzeln abgepackte Hygiene-Desinfektionstücher
- eine Wurzelbürste

Dass Sie einen Staubsauger, ein Kehrblech, einen Besen, einen Eimer und eine Klobürste haben, davon gehe ich aus. Im Wesentlichen können Sie damit fast alles säubern, wenn auch nicht pflegen oder auffrischen. Und darauf kommt es an, wenn man seine Wohnung vorzeigen und sich wirklich wohlfühlen will.

II.
Philosophische Problemstellungen

*Das Universalismusproblem: Es ist nie alles sauber
oder Schmutzen als Menschenrecht*

Das Universalismusproblem zeigt sich schon im
Wort »Universalreiniger«: Hier geht es um alles
und das große Ganze, das Allgemeine. Dahinter verbirgt sich mit Blick auf das (Putz-)Mittel das Reduktionismusproblem, das da lautet »eines für alles« und
in den meisten Situationen im Leben umgesetzt wird
in »eine (putzt) für alle« (s. u.). Dies liegt daran, dass
Ganzheit gerne mit Einheit, und Einheit mit Einsheit
verwechselt wird. Bleiben wir aber beim Universalismus, d. h. dem ganzen Universum des Schmutzes
und all der Dinge, die einschmutzen können, das
sogenannte Schmutzall. Auch wir gehören dazu, wir
sind mitten d'rin. Der extraterrestrische Beobachter-
standpunkt ist eine Illusion. Der Universalismus ord-
net das Allgemeine dem Besonderen über und bezieht
sich dabei auf ein Ganzes (z. B. eine Gesellschaft, eine
Welt, aber auch ein Leben oder eine Wohnung). Das
Ganze, das man nun selbst putzen könnte, ist nicht
nur die private Wohnung, sondern auch das Büro am
Dienstort. Denn dort verbringt man nicht das ganze,

jedoch dank der demographischen Entwicklung und des späten Renteneintrittsalters bald das halbe Leben. Aber nur wenige Dinge dort gehören einem. Und Eigentum verändert die Sicht auf diejenigen Dinge, für die man sich beim Gebrauch verantwortlich fühlt. Hier gerät der Universalismus möglicherweise an seine Grenzen, denn wenn Sie die allgemeine Aussage treffen »Ich wische gerne Tische«, gilt dies dann nur für Ihre Tische zuhause oder auch für Ihren Schreibtisch im Büro? Immanuel Kant begründete den ethischen Universalismus mit dem zugrunde liegenden Prinzip des Kategorischen Imperativs: »Handle nur nach derjenigen Maxime, durch die du zugleich wollen kannst, daß sie ein allgemeines Gesetz werde.« Aber will man auch noch im Büro putzen? Soll man gar? Wir werden uns diesen Fragen gleich zuwenden.

Das Grundproblem im Putzuniversum besteht darin, dass zwar theoretisch alles sauber werden *kann*, aber praktisch niemals alles sauber *ist*. Denn während Sie putzen, schmutzt an einer anderen Stelle schon wieder etwas ein. Mehr noch: Durch unsachgemäßes Putzen kann der Schmutz sogar erst umfassend verbreitet werden (s. u.: Problem des infiniten Regresses). Beim Putzen zeigt sich also das Phänomen der Ungleichzeitigkeit, wenn es um die Vielheit der Dinge geht, *an* denen sich Schmutz zeigen kann. Kaum ist das Geschirr sauber, ist das Spülbecken schmutzig. Ist das Spülbecken sauber, ist der Lappen dreckig. Geht es hingegen um das große Ganze, dann ist der

Schmutz sowieso immer da – das Ganze kann deshalb nie sauber sein. Dies ist immer auch tröstlich: denn der Schmutz *macht* quasi erst die Ganzheit der bewohnbaren Welt und ihrer Dinge; er gibt ihr eine Form dadurch, dass er eine materielle, endliche Einheit bildet gegen die potenzielle Unendlichkeit, die jenseits der Einheit liegt (das Universum, das immer auch unendlich sauber zu sein scheint, wenn man nicht an Weltraumschrott denkt). Im Endlichen der bewohnbaren, aktualen Welt können Sie sich eigentlich gar nicht vorstellen, unendlich viele Dinge anzuhäufen – es sei denn, Sie imaginieren dazu eine potenzielle, jenseitige Unendlichkeit, aus der Dinge neu und rein immer von Außen in Ihre Welt hineinkommen (vgl. Aristoteles, *Metaphysik* IX, 6). Dies ist der metaphysische Trugschluss von Innovations- und Konsumgesellschaften. Zu erkennen, dass die vielen gekauften Dinge nun schmutzig geworden sind, ist die vernünftige Rückkehr zum Begrenzenden. Das Universalismusproblem ist, wie alle philosophischen Probleme, nicht da um es zu lösen, sondern um es zur Kenntnis zu nehmen und als Aporie anzuerkennen. Von dort aus kann man mit klarem Blick auf die Dinge weiter machen und das Beste tun, was möglich ist.

Daher kommt auch der neumodische Begriff des *facility managements*: Man bewirtschaftet die Raumpflege danach, was ökonomisch möglich ist. Aber aufgepasst! »Facility« heißt im Englischen nicht nur »Möglichkeit«, sondern im technischen Sinne auch

»Oberfläche«. Der Begriff wurde von professionellen Gebäudereinigungsfirmen erfunden, die meistens nur eines tun: in Büros die Oberflächen säubern, d. h. den Boden und die Schreibtischflächen. Vom Universalismusproblem sind durchschnittliche Gebäudereinigungsfirmen daher weit entfernt, selbst wenn deren Angestellte ab und an den Telefonhörer in Ihrem Büro abwischen. Wegen des Kostendrucks entsteht Zeitdruck, und der führt dazu, dass insgesamt weniger geputzt wird und auch immer weniger Dinge. Manchmal ist man einfach nur froh, wenn man nicht an seinem Locher festklebt. Deshalb im Büro immer eine Handcreme benutzen! Das Universalismusproblem wird meist nur im Privathaushalt mit seinen Ansprüchen bewusst artikuliert, als ob man sein Büro nicht vorzeigen und sich darin wohl fühlen möchte. Genaugenommen führt das Facility Management dazu, dass man in seiner Freizeit auch noch das Büro putzen muss, wenn man sich nicht blamieren oder gar infizieren will. Ich sage nur: Lichtschalter! Klappe des Kopiergerätes!!

Das bedeutet, dass das Universalismusproblem des Putzens (»Es soll überall sauber werden«) eigentlich *alle* Menschen betrifft (»Es sollten alle überall putzen«), aber realiter nicht alle betreffen darf! Denn es gibt Vorschriften. Private Unternehmen erwarten dennoch implizit, dass man sein Büro selber putzt, um als kollegial gelten zu können und auch etwas zur Unternehmenskultur, zum Teamgeist, etc. beizutragen. Die Corporate Identity bleibt sauber. Behörden legen eine andere Haltung an den Tag, wissen sie doch nur zu gut, wohin die Bezeichnung »öffentlicher Dienst« führen kann. Behörden wissen, dass ihre Beamt(inn)en penibel sind und als Staatsdiener es als ihre Pflicht ansehen könnten, ggf. in der Arbeitszeit zu putzen. Denn sie dienen dem großen Ganzen. Deshalb stellen sich Behörden dem Universalismusproblem des Putzens durch Vorschriften und Verbote. Sie sind getarnt hinter arbeitsschutzrechtlichen und gewerkschaftlichen Vorgaben. Das heißt: Es wird in den meisten Fällen einfach *nicht* geputzt. Geld hat man im öffentlichen Dienst auch nicht. Von den Putzkolonnen wird deshalb der Abfalleimer abends ausgeleert und alles bis auf Tische und Böden verdreckt. Zweimal im Jahr kommen die Fensterputzer. Vorher ergeht ein Rundschreiben, dass man seine Fensterbank frei zu räumen hat, um die Gebäudereiniger nicht in ihrer Arbeit zu behindern. Dem Universalismus wird also von Anfang an Einhalt geboten und der Partikularismus (sauberer Schreibtisch, Telefonhörer, Konferenztisch) gelangt in Behörden zur höchsten Blüte. So gibt es zum Beispiel an vielen deutschen Universitäten das Verbot, auf Aktenschränken zu putzen, wegen der Unfallgefahr. Sie haben etwa eine Höhe von 2,15 Meter (Trittleiter!). Das Verbot gilt auch für die Reinigungskräfte. Auf Aktenschränken zu putzen steht unter Haftungsausschluss, also putzt dort auch niemand. Es ist in etwa so, wie wenn Sie bei der Unfallversicherung angeben müssen, ob Sie Drachenfliegen als Sportart machen. Der Dreck auf dem Aktenschrank bleibt einfach jahrzehntelang liegen, selbst wenn es einen Mitarbeiter gibt, der 1,95 Meter groß ist und dort mühelos ohne Leiter putzen *könnte*. Natürlich könnte er sich dabei die Hand verstauchen.

Zum zweiten hat man arbeitsrechtlich für das Putzen, Wischen und Waschen die Kategorie »unterfordernde Tätigkeit« eingeführt und sie bezieht sich auf alle Dienstgruppen, die einen ›Bürojob‹ und eine entsprechende Arbeitsplatzbeschreibung haben. Im Englischen sind das die sogenannten *white collar jobs*, also Leute, die sich nicht schmutzig zu machen haben (anders als die »Blaumänner«). Hier zeigt sich wieder ein Relikt des feudalen Lebensstils mit den entsprechenden Hierarchisierungen von Dienstleistungen, die auch in modernen Institutionen ihren Platz gefunden haben. Das großbürgerliche Dienstmädchen mit weißem Kragen putzte eben auch damals nicht, sondern servierte und polierte. Für das Grobe war die Scheuermagd zuständig. Die Leute mit den imaginativen weißen Krägen *dürfen* nicht putzen, egal, wie dreckig es ist und egal, ob sie putzen *können* oder nicht und ob sie *wollen* oder nicht. Dies gilt für den Sekretär bis hin zur Dienststellenleiterin. Wenn Sie also Ihre Mitarbeiter irrwitzigerweise bitten sollten, die seit zwei Jahren hängenden Geschirrtücher in der Kaffeeküche einmal zum Waschen mit nach Hause zu nehmen, machen Sie sich dienstrechtlich strafbar.

Ein Ihnen missgünstig gesonnener Mitarbeiter könnte Sie als Vorgesetzten anzeigen. Ihnen droht dann eine Disziplinarmaßnahme, weil Sie eine unterfordernde Tätigkeit wie »Geschirrtücherwaschen im Rotationsverfahren – jeder eines pro Jahr« angewiesen haben. Leider kann man immer weniger davon ausgehen, dass Menschen aus freien Stücken und mit einer normalen Ekelgrenze die Handtücher auch mal freiwillig mit nach Hause nehmen, um sie zu waschen. Hier sind bei vielen die charakterlichen Grenzen der geforderten Teamfähigkeit erreicht. Außerdem wird durch die vielen Vorschriften die Einstellung gefördert, weder im Allgemeinen, noch im Speziellen für Schmutz zuständig zu sein. Aber leider ist institutionell auch niemand anderes zuständig. So wird also durch Putzverbote eine gesellschaftlich elitäre Haltung befördert, nämlich die, etwas Besseres zu sein. Dabei würde ja niemand verlangen, dass Putzen hier zur ausschließlichen Tätigkeit wird, sondern dass der ab und an durch einen selbst (!) anfallende Schmutz in wenigen Minuten so eingedämmt wird, dass er wenigstens niemanden anderen stört. Wo gehobelt wird, fallen Späne, und das gilt auch für Verwaltungstätigkeiten.

Es ist mir ein Rätsel, wie Menschen, die zuhause exzessiv putzen und darüber ab und an erzählen, sich tagsüber in einem verschmutzten Büro aufhalten können und sich vom Schmutz nicht stören lassen. Es sind die, die auch immer als erstes nach Hause gehen und ihre verschmutzte Kaffeetasse in der Küche abstellen, wenn niemand hinsieht. Solche Menschen putzen zuhause auf jeden Fall nicht aus dem Grund, sich wohl zu fühlen, sondern weil man es von ihnen erwartet. Im Büro hingegen sind sie für den Schmutz nicht verantwortlich zu machen, d. h. sie haben keine Schuld, wenn es schmutzig ist. Entstehen tut er trotzdem. Und schämen könnte man sich auch. Es ist schließlich nicht sehr kollegial, wenn man um Hilfe am Computer gebeten wird, in eine klebrige Tastatur des Kollegen oder der Kollegin greifen zu müssen. Das Verhalten ist aber auch nicht fair gegenüber den Putzkräften, die immer weniger im persönlichen Kontakt mit dem Büronutzer für einzelne Büros zuständig sind, sondern von den Facility Management-Firmen ein sogenanntes »Revier« zugeteilt bekommen, in dem sie sauber zu machen haben. Dies geschieht sehr früh am Morgen oder sehr spät am Abend, damit man die ›wirklich‹ Arbeitenden nicht bei ihrer Arbeit stört. Durch den Mangel an persönlichem Kontakt sinkt auch die Schamgrenze des Büro- und Kaffeeküchenverschmutzers, weil er niemanden mehr hat, *vor dem* er sich schämen muss. Außer vor sich selbst – oder den Kollegen. Weil aber Gruppen sich gerne darüber definieren, dass sie *gemeinsam* etwas Besseres sind als andere, stellen dann alle ihre Kaffeetassen in der Kaffeeküche ab und warten, dass sie dort von selbst sauber werden. Dieses Verhalten ist aus traditionellen Familienstrukturen bekannt, in denen angeblich immer weniger Leute leben – aber wohl denken. Jemand muss für's Grobe zuständig sein. Aber für Geschirr-spülen ist die behördliche Putzkolonne definitiv nicht zuständig. Gehandelt wird erst, wenn hygienische Probleme zur Infektionsgefahr führen und das bedeutet meist, wenn es schon deutlich nach Schimmel riecht. Diese Haltung der Putzvermeidung ist nach meinen Recherchen in allen staatlichen Institutionen zu beobachten: in Kochnischen in Lehrerzimmern an der Schule, in Kaffeeküchen an Universitäten, Finanz-ämtern und auch Theatern. Der wahre Künstler ist schließlich nicht zum Putzen da! Eigentlich passt diese Haltung nicht zur Bezeichnung »öffentlicher Dienst«, der ja Dienstleistungen *für alle* anbietet. »Alle« werden dann nicht mehr als einzelne Individuen, sondern als abstrakte Allgemeinheit gesehen (Universalismuspro-blem). Die Allgemeinheit setzt sich aber eher selten auf einen Stuhl. Auch das gemeine Volk nicht. Wegen Sparzwängen und Outsourcing des Putzens bietet der öffentliche Dienst vorwiegend eines für alle an: Schmutz.

Übrigens ist mir auch aus Kaffeeküchen von Kran-kenhausstationen bekannt, dass wegen der univer-sellen Nicht-Zuständigkeit Ärztinnen und Ärzte Ge-schirrtücher heimlich mit nach Hause nehmen und waschen. Das institutionelle Problem »Wer wäscht die Geschirrtücher?« ist älter, als man denkt. So erwähnte bereits der Physik-Nobelpreisträger Niels Bohr: »Mit dem Geschirrwaschen ist es doch genau wie mit der Sprache. Wir haben schmutziges Spülwasser und schmutzige Küchentücher, und doch gelingt es, damit die Teller und Gläser schließlich sauberzumachen. So haben wir in der Sprache unklare Begriffe und eine in ihrem Anwendungsbereich in unbekannter Weise eingeschränkte Logik, und doch gelingt es, damit Klarheit in unser Verständnis der Natur zu bringen.« Der Physiker beschreibt hier das chemische Phänomen des Löslichkeitsprodukts. Hinzuzufügen wäre, dass es temperaturabhängig ist, weshalb man immer mit warmem Wasser spülen und putzen sollte. Bohr hat hier aber auch erkannt, dass sich Sauberkeit in Klarheit zeigt und nicht in hygienischem Verhalten. Trotzdem fühlt man sich gemeinhin besser, wenn man mit einem Geschirrtuch abtrocknet, das nicht schmutzig ist.

Ihnen bleiben vier Möglichkeiten: 1.) Arbeiten Sie von zu Hause aus und lassen Sie sich eine Telearbeitsplatzgenehmigung erteilen, 2.) Nehmen Sie, wenn keiner hinsieht, die Geschirrtücher mit nach Hause zum Waschen und kaufen Sie sich eine im Kofferraum verstaubare Alutrittleiter, um nach Dienstschluss auf dem Aktenschrank zu wischen und wischen Sie, vor Dienstbeginn, wenn es schon hell, aber noch niemand da ist, die Türklinken Ihrer Bürotür mit Desinfektionstüchern ab. Das empfiehlt sich insbesondere dann, wenn Ihr Büro neben einem WC liegt und man nach dessen Besuch gerne bei Ihnen vorbeischaut, 3.) Bringen Sie sich immer eine Thermoskanne Kaffee mit, betreten Sie die Küche nicht und laden Sie Gäste nur zum Kaffee oder Tee nach auswärts ein (verdrängen Sie dabei die Aktenschränke), 4.) Lassen Sie sich vom Arzt eine Stauballergie bescheinigen. Bürostaub ist bekanntlich viel aggressiver als Hausstaub. Zwingen Sie dann Ihren Arbeitgeber zu konsequenten hygienischen Maßnahmen, damit Ihre Arbeitskraft erhalten bleibt!

Das notwendige Putzen *in der Arbeitszeit* wird besonders an zwei Orten deutlich, an denen der Kunde nicht mehr König ist: an der Fleischereitheke im Supermarkt und im Café. Dort hört man häufig bereits zehn Minuten vor Ladenschluss den Satz: »Die Maschine ist schon geputzt!« – Wurstaufschnitt gibt es nicht mehr, man hat aber vorsorglich etwas abgepackt. Wenn die Kaffeemaschine schon sauber ist, können Sie den Latte Macchiato vergessen. Daher kommt auch der Gastwirtschafts-Satz »Die Küche ist schon zu«, der noch nie meinte, dass die Küche im eigentlichen Sinne zu ist, sondern dass sie schon geputzt und die Putzhilfe oder die Küchenhilfe nach Hause gegangen ist. Es lohnt für den Gastwirt nicht, sie für nur einen verspäteten Gast wieder zu verschmutzen. Hier ist einmal nicht der öffentliche Dienst angesprochen. In einer Behörde könnte es niemals, auf gar keinen Fall, nicht einmal kurz vor Weihnachten passieren, dass man sagt »Der Computer ist schon herunter gefahren. Ich kann Ihr Anliegen nicht mehr bearbeiten.«

Das Universalismusproblem zeigt sich beim Putzen auch als Schutz der Mehrheit, die zu bestimmten

Stoßzeiten etwas nachfragt wie Wurstaufschnitt, Latte Macchiato oder Wiener Schnitzel. Der Standardkonsument mit einem Standardverhalten wird vorausgesetzt, selbst wenn es den gar nicht mehr gibt. Man hat sich aber, insbesondere in Großstädten, auch auf ›die anderen‹ eingestellt, die erst nach einem 18-Stunden-Tag aus dem Büro kommen. In der Provinz bleibt ihnen die Tankstelle. Eine Erweiterung der Ladenschlusszeiten wird das Problem nicht lösen, denn es wird auch dann noch Leute geben, die kurz vor 22.00 Uhr kommen und Gelbwurstaufschnitt haben wollen. Sondern das Problem liegt meines Erachtens daran, dass das Putzen nicht immer in die Arbeitszeit eingerechnet wird, weil es nicht in die Arbeitsplatzbeschreibung Eingang findet. Das heißt, einige Arbeitsplatzbeschreibungen vergessen die *Instandhaltung* von Maschinen und anderen Mitteln und denken, dies gehöre nicht zur beruflichen Tätigkeit. Outsourcen lässt es sich aber auch nicht in jedem Fall, weil nur derjenige die Dinge gut putzen kann, der weiß, wie sie funktionieren. Aus einer derartigen Lücke ist übrigens die Bezeichnung »Hausmeister« entstanden, der das repariert und instandhält, wofür man noch keinen Handwerker oder Spezialisten holen muss. Er ist im Allgemeinen für das Haus zuständig. Wenn man also bei Dienstleistungsberufen schematisch denkt, eine Verkäuferin verkauft, eine Professorin forscht, lehrt und verwaltet, etc., dann vergisst man, dass Personen verschiedene Arbeitsmittel für das

Dienen im Rahmen ihrer Dienstleistung nutzen, die bei der Benutzung einschmutzen, sei es die Schneidemaschine oder der Locher oder das Kopiergerät. Und für deren Reinigung ist dann niemand zuständig.

Es ist sicher richtig zu sagen »Für's Putzen werde ich nicht bezahlt!«. Aber leider werden dabei zwei Dinge vergessen: (1.) Sie werden auch nicht fürs Verschmutzen bezahlt. (2.) Wenn Ihre Werkzeuge unsauber sind, oder gar Ihr Büro, gefährden Sie die Haupttätigkeit, für die Sie bezahlt werden. Denn beim Outsourcen des Büroputzens im öffentlichen Dienst wird vergessen, dass es Räume mit Publikumsverkehr gibt und dass manche Zimmer daher besonders behandelt werden müssen. An Universitäten ist dies etwa das Sekretariat und die Professorenzimmer: Hier finden Prüfungen statt, hier sitzen Journalisten zum Interview, hier sitzt vielleicht Ihr zukünftiger Projektpartner, mit dem Sie ein millionenschweres Drittmittelprojekt an Land ziehen wollen. Hier hat man *Repräsentationspflichten*. Wollen Sie also einen guten Eindruck hinterlassen und zeigen, dass Sie in erster Linie *Leisten* und nicht *Dienen*, dann tun Sie eines: selber putzen. Oder Sie entscheiden sich, endlich mehr über Schmutz öffentlich zu sprechen, damit mehr Bewusstsein für die Problemlage entsteht.

Im öffentlichen Raum entgegnet man mit entsprechenden Verboten der Einstellung, möglichst viel Individualschmutz in Allgemeinschmutz aufgehen zu lassen, für den dann die Kommune zuständig ist. In vielen Großstädten zahlt man 20 Euro Strafe, wenn man ein Taschentuch auf die Straße wirft. Dabei unterliegen Mülleimer demselben Schwund wie Briefkästen und Telefonzellen. Deshalb hat man die schmutzigen Dinge immer länger in der Tasche und ist konstant auf dem Weg der Entsorgung. Die Hundehäufchen machen die Herrchen und Frauchen mit Plastiktütchen brav selbst weg und verstauen sie sogar in der Handtasche, bis sie endlich an einem Mülleimer vorbei kommen. Das tun selbst die, die im Büro ihre Kaffeetasse nicht spülen, was bzgl. der Ekelgrenze interessant ist. Dabei zahlt man Hundesteuer. Aber man will der Allgemeinheit, was immer das ist, nicht den Dreck auf dem Bürgersteig zumuten. Denn der Bürger könnte einen beobachten und anzeigen.

Die Verbotskultur unterstützt immer das Denunziantentum und sie löst das eigentliche Problem nicht. So wenig wie ein Mehr an Parkverbotsschildern und kommunaler Parküberwachung das Falschparken und überhaupt die Nutzung des Autos verhindert, so wenig lösen Verschmutzungsverbote das eigentliche Problem: dass der Mensch an sich schmutzt, weil er ein Lebewesen ist. Menschen schmutzen im Allgemeinen nicht, weil sie aktiv Dinge verschmutzen wollen, sondern sich z. B. schnäuzen müssen, um sich des Rotzes zu entledigen. Dafür benötigt man ein Taschentuch, das weggeworfen werden will. Staub entsteht, weil Haut und Haare Schuppen haben. Menschen hinterlassen Fingerabdrücke, weil sie fetten und die Haut eine Fettschicht hat. Und es gehört zur Höflichkeit, einem Gast im Büro auch etwas zu trinken anzubieten, was dann schmutziges Geschirr hinterlässt. Es wäre an der Zeit, das gesellschaftlich anzuerkennen. Zu schmutzen ist ein Menschenrecht, was von allen für alle geschützt werden muss. Dann wäre das Universalismusproblem des Schmutzens von Allen keines mehr, das sich als Putzproblem von Wenigen zeigt. Entweder dürfen alle putzen (Sozialismus) oder die, die *für alle* putzen, bekommen angemessene Zeit und Entlohnung dafür (Kapitalismus). Dann wären auch die Büros wieder sauberer.

Das Reduktionismusproblem:
Schmierseife oder Essig?

Es gibt Reduktionisten unter den privat Putzenden, die sich in zwei Klassen aufteilen lassen: 1.) die Anhänger der Essigessenz und 2.) die Schmierseifen-Fraktion. Beide vertreten den Anspruch, dass sich mit einem Universalreiniger (s. Universalismusproblem) alles reinigen lässt. Er heißt auch oft »Allzweckreiniger«, weil er für alle Zwecke einsetzbar scheint. Wie das beim Reduktionismus so ist, ist diese Ansicht prinzipiell nicht falsch. Nur leider bildet sie nicht die wirkliche Problemlage beim Putzen in modernen Wohnungen ab. Die Schmierseifenfraktion schneidet dabei besser ab, denn sie ruiniert wenigstens nichts. Historisch hieß die Schmierseife auch »Grüne Seife«, weil sie oft aus

Hanföl gewonnen wurde. Sie entsteht durch die Bindung minderwertiger Fette an Kalilauge und ist chemisch strenggenommen ein Kaliumsalz. Ihr höherwertiger Bruder, die Kernseife, ist ein Natriumsalz und ist fest, wohingegen die Schmierseife pastös oder flüssig ist. In Wasser bilden Schmierseifen, wie alle Seifen, anionische Tenside (aha!). Seifen sind der Inbegriff des Putzmittels, weil ihr Wirkmechanismus immer derselbe bleibt: Sie setzen die Oberflächenspannung des Wassers herab, lassen dadurch das Wasser sich besser ausbreiten und bilden mit dem Schmutz eine Emulsion, die abwischbar ist (Wischen!). Schmierseife eignet sich für fast alles und riecht an sich neutral. Sie ist deshalb gut für Allergiker, biologisch abbaubar und schadet auch der Haut nicht. Der Schmierseifenputzer kann deshalb ohne Handschuhe putzen (es sei denn, er hat lackierte Fingernägel, was aber eher selten der Fall ist). Er genießt das haptische Erlebnis, ganz nah am Schmutz d'ran zu sein. Weil die Schmierseife aber so wenig aggressiv ist, tötet sie keine Bakterien, ja sie irritiert sie nicht mal in der Fortpflanzung und sie hat keine aktiv kalklösenden Eigenschaften. Umgekehrt, in kalkhaltigem Wasser verliert sie schnell ihre Laugenwirkung. Schmierseife ist deshalb etwas für diejenigen, die gerne mit der Hand Druck auf die verdreckten Stellen ausüben und sie wieder freilegen, gerne auch mal die Bürste einsetzen, und die wenig Wert darauf legen, dass es nach dem Putzen so richtig glänzt oder für Glanzeffekte gerne besonders kräftig polieren (Fitnesserhöhung!). Menschen, die Schmierseife schätzen, sind meist sehr reinlich, weil sie *regelmäßig* putzen, so dass gar kein hartnäckiger Schmutz entsteht – denn der ginge mit Schmierseife nicht ohne Weiteres weg.

Die Essigessenzfraktion versucht alles, aber auch wirklich alles mit Essig zu reinigen. Eigentlich sind Essiganhänger Partikularisten, denn sie bekämpfen in erster Linie den Kalk. Essigessenz hat einen Säureanteil von ca. 30% und sollte immer mit Wasser verdünnt werden, sie ist für die Schleimhäute ätzend (stechender Geruch! Bitte lüften beim Putzen!). Warum Essig als Putzmittel nicht nur beliebt ist, sondern bei uns regelrecht verehrt wird, scheint zwei Gründe zu haben: Erstens reicht man schon dem sterbenden Jesus zur Erfrischung einen Schwamm getränkt mit Essigwasser, auf einem Stiel (Markusevangelium 15,36), denn bei den Römern war Essigwasser ein beliebter Durstlöscher. Zweitens ist Essig, wenn man Pech hat, das Resultat von Wein und dann muss er ja einen positiven Kern haben. Hat er ja auch.

In erster Linie eignet sich verdünnte Essigessenz gut als Entkalkungsmittel für Wasserkocher, Duschbrauseköpfe etc. Es zieht aber auch den Kalk aus Marmorfliesen und ggf. aus dem Fugenmörtel der Wandfliesen, also Vorsicht, immer kräftig mit Wasser nachspülen! Auch sollte man allenfalls sehr stark verdünnte Essigessenz als Weichspülerersatz in die Waschmaschine geben – die Gummidichtung der

Waschmaschine wird es danken. Mit Essig bekommt man fast alle durchsichtigen Oberflächen matt geputzt, insbesondere in hohen Konzentrationen. Bei Keramik heißt es: trockenreiben, sonst glänzt nichts. Wer das sparen will, verwendet einen im Handel fertig gemischten Essig*reiniger* mit Tensiden, Duft- und Zusatzstoffen, ist damit aber schon ein Abtrünniger der Essigessenzfraktion. Falls Sie planen, auch chlorhaltige Mittel (Desinfektionsmittel) einzusetzen: auf keinen Fall zusammen mit Essigreiniger! Sie könnten sich durch freigesetztes Chlor eine Chlorvergiftung holen! Das kann leichter passieren, als Sie denken, insbesondere wenn das Etikett auf dem Reiniger nicht gelesen wird, auf dem steht: »Nicht zusammen mit anderen Reinigern verwenden!« Aber die Essigessenzfraktion sieht ihr Essigwasser nicht als Reiniger, sondern als Allheilmittel an, weil es auch ein Lebensmittel ist.

Und so passiert(e) die Chlorvergiftung, wenn Sie chlorhaltigen Reiniger im Klosett einwirken lassen und dann Ihr hochkonzentriertes Essigputzwasser hinterher kippen. In der Chemiegeschichte ist diese Reaktion wegen der Häufigkeit der Haushaltsunfälle auch als »Domestos-Problem« bekannt geworden. In Chlor eingeleitetes Wasser bildet normalerweise ein Gleichgewicht von Salzsäure und Hypochloriger Säure aus, eine Mischung, die zu Reinigungszwecken zu gefährlich ist. Man nutzt Chlorreiniger deshalb in seiner stabileren Form als Lauge (dazu leitet man das Chlor in Natronlauge ein). Damit verschiebt man den pH-Wert ins Alkalische. Wird nun Säure (z. B. Essigsäure) hinzugegeben, verschiebt sich (nach dem 1884 formulierten Prinzip von Le Chatelier) das chemische Gleichgewicht durch die Erhöhung der Protonenkonzentration wieder zurück in Richtung der Chlorfreisetzung. Eine weitere Möglichkeit, chemische Gleichgewichte zu verschieben, ist Temperaturerhöhung. Bewahren Sie Ihre Putzmittel daher immer an einem kühlen, dunklen Ort auf (klassischerweise unter der Spüle, sofern Ihre Spüle nicht direkt an den Backofen grenzt). *Domestos* gibt es als Produkt schon seit 1929, seit den 1960er Jahren wird es vom *Unilever*-Konzern vertrieben. Der *Domestos Kraft Universalreiniger* enthält mittlerweile wegen der Unfallgefahr kein Chlor mehr, sondern Wasserstoffperoxid als Bleich- und Oxidationsmittel. Das haben sich Frauen, die zur Blondine werden wollen, früher sogar in die Haare geschmiert. Dennoch sollte man beim Wort »Universalreiniger« hier besonders vorsichtig sein, er eignet sich eben nicht für alle Zwecke, z. B. definitiv nicht für die Reinigung eines Linoleumbodens. *Unilever* informiert übrigens, dass der deutsche Handelsname *Domestos* auf (lat.) *domus*, d. h. Haus, und (griech.) *osteon*, d. h. Knochen, zurückgeht und will damit belegen, dass *Domestos* das »Rückgrat des Hauses« sei. Ähem! Und wieso heißt dann *Domestos* in anderen Ländern *Domex*? Können die kein Latein oder bedeutet es etwa doch: »Raus aus dem Haus«?

Essigessenz hat auf einige Bakterien und Pilze abtötende Wirkung, andere allerdings ernähren sich davon. Deshalb verschiebt Essigessenz das ökologische Gleichgewicht innerhalb der bei Ihnen wohnenden Bakterienpopulation, so dass sich einige nach dem Putzen besonders stark ausbreiten. In erster Linie senkt Essigwasser den pH-Wert ab, was insbesondere viele Schimmelpilze nicht mögen. Daher kommt der alte Tipp, Brotkästen mit Essigwasser auszuwischen. Omas Tipp, Haare mit Essig zu spülen, damit sie einen schönen Glanz bekommen, lag nicht nur am kalkhaltigen Wasser, sondern auch daran, dass man die Läuse und deren Eier (Nissen) in den Haaren abtöten wollte. Denken Sie immer daran, bevor Sie Essigessenzanhänger zu werden drohen!

Das Individualismusproblem: Ich mische mir mein Putzmittel selbst!

Eine lustige Fraktion ist diejenige, die, entweder aus Kostengründen oder aus Rebellion gegen ihrer Meinung nach sinnlose Industrieprodukte oder beidem, beschlossen hat, sich ihr Putzmittel selbst zu fertigen. Wie es beim Anarchismus so üblich ist, wird zwar gegen ›das System‹ rebelliert, es aber dafür notwendig genutzt und deshalb fundamental nichts verändert. Deshalb beginnen die Putzmittel-Selbermacher-Anarchisten ihre Ratschläge mit dem Satz: »Nehmen Sie eine leere Putzmittelflasche, am besten eine mit Sprühpistolenaufsatz.«

Glücklicherweise sind die meisten Putzmittelindividualisten im Kern Reduktionisten, denn sonst wären größere chemische Unfälle zu erwarten. Sie zeigen einen Aspekt der *Do it yourself*-Ideologie, der sich gerade nicht auf das Werk konzentriert, sondern auf die Aneignung der Mittel, die im Herrschaftsbereich Anderer liegen (hier: der Putzmittelindustrie). Die Selbstmischer stehen daher in der Tradition der Computerhacker, die erst einen Code knacken und ihn dann nutzen, um auf neue Weise ein Programm zu synthetisieren. Das philosophische Konzept der Autonomie wird dabei ins Technisch-Synthetische übertragen. Oft geht es nicht um Selberdenken, sondern nur Selbermachen.

Die drei häufigsten Putzmitteltipps für einen Badreiniger (Hauptproblem immer: Kalkablagerungen bekämpfen) lauten, zu 400 ml Wasser in einer ausgedienten Putzmittelflasche aus dem Handel folgendes zuzugeben:

– ca. 100 ml Essigessenz oder
– ca. 100 ml Zitronensäure oder
– eine Geschirrspülertablette.

Für einen Glasreiniger verdünnt man Brennspiritus, den man ggf. zum Grillanzünden ohnehin im Hause hat, mit Wasser. Was soll man sagen, es funktioniert schon. Den besten Duft und die beste Fettlösekraft hat man beim Badreiniger bei der letzten Variante, hinzu kommt der in Geschirrspülertabletten integrierte Klarspüler (kein Polieren!). Allerdings ist dieser Reiniger ja wohl nicht selbst gemacht, denn die Geschirrspülertablette hat man als Fertigprodukt bereits gekauft. Ferner bilden sich meist Schlieren an den Fliesen, denn viele Geschirrspülertabletten sind in mehreren chemischen Phasen aufgebaut, die sich zeitlich versetzt im Spülprozess auswirken. Sie hat deshalb auch drei Farben (blau, weiß, rot). Ist die Tablette einmal in einer Flasche aufgelöst, dann mischen sich die Komponenten und es wird sozusagen gleichzeitig entkalkt, entfettet und klar gespült, wobei Wechselwirkungen entstehen.

Einige Selbstmischer geben zu ihrer Essigessenz-Wasser-Mischung auch einige Tropfen Handspülmittel, um die Fettlösekraft durch Herabsetzung der Oberflächenspannung zu erhöhen und damit einen Universalreiniger zu generieren. Sie vergessen dabei, dass industriell hergestellte Putzmittel sogenannte Emulgatoren und Stabilisatoren sowie weitere Zusatzstoffe (z.B. Chelate/Komplexbildner, die Metallionen binden) beinhalten, um eine optimale Putzwirkung zu gewährleisten. Sind diese Zusatzstoffe abwesend – und dafür kann man aus ökologischen Gründen votieren – dann entmischen sich die einzelnen Komponenten immer wieder und ferner bleibt Ihr Putzergebnis je nach Wasserhärtegrad Ihrer Region ggf. optisch suboptimal. Bedeutet auf jeden Fall für den Individualisten: Flasche vor dem Gebrauch immer kräftig schütteln, aber darauf achten, dass sie auch wirklich fest verschlossen ist.

Wer allerdings seine Objekte und Materialien liebt, sollte auf das Selbstmischen von Putzmitteln verzichten. Das steht auch in allen Reinigungsempfehlungen von neu gekauften Artikeln. Eine Geschirrspültablette ist eine kleine chemische Fabrik, die eben zum Reinigen von Geschirr, das in den maschinellen Spülgängen immer wieder mit Wasser nachgespült wird, gedacht ist. In einer Sprühpistole im Badezimmer vernebelt, gelangen die einzelnen Komponenten an Stellen, die nicht dafür gedacht sind, mit etwas in Kontakt zu kommen, was auch Krusten auf Bratpfannen lösen könnte. In der Juristensprache würde der Einsatz als nicht »bedarfsgerecht« bezeichnet. Wer aber seine Dinge und Flächen gerne ruiniert, möge mit dem ›Selbst-Mischen‹ und Abfüllen in Sprühpistolen weiter machen.

Garantieansprüche lassen sich dann aber nicht geltend machen, weshalb viele Firmen in der Pflegeanleitung extra darauf hinweisen, wie und womit zu putzen ist. Wenn man ein mündiger Konsument sein will – und das steht ja als eigentliches politisches Ziel hinter den Putzmittel-Selbst-Mischer-Anarchisten – dann sollte man erst einmal den Kampf beobachten, der jenseits der Medien zwischen Sanitärbetrieben und Putzmittelherstellern tobt, und sich dann auf eine Seite schlagen. Denn hier wird deutlich, dass dasjenige, was als »Badreiniger« von Seiten der chemischen Industrie tituliert wird, aus Sicht der Sanitärindustrie gar nicht als Badreiniger geeignet ist! Für

Badarmaturen gilt z. B., dass das Putzmittel auf einen Lappen aufgetragen, aber nicht versprüht werden darf. So sagt es zumindest die Pflegeanleitung, die beigelegt war, als ich mir jüngst eine neue Duschbrause der Firma *hansgrohe* kaufte. Ich zitiere wörtlich:

>»Es dürfen nur Reinigungsmittel eingesetzt werden, die für diesen Anwendungsbereich ausdrücklich vorgesehen sind.«
>»Reiniger, die Salzsäure, Ameisensäure, Chlorbleichlauge oder Essigsäure enthalten, dürfen nicht verwendet werden, da diese zu erheblichen Schäden führen können.«
>»Das Mischen von Reinigungsmitteln ist generell nicht zulässig.«
>»Abrasiv wirkende Reinigungshilfsmittel und Geräte, wie untaugliche Scheuermittel, Padschwämme und Mikrofasertücher, dürfen ebenfalls nicht verwendet werden.«
>»Die Gebrauchsanweisungen der Reinigungsmittelhersteller sind unbedingt zu befolgen.«
>»Die Reinigung ist mit vorgeschriebener Reinigerdosierung, Einwirkdauer, objektspezifisch und bedarfsgerecht durchzuführen.«
>»Dem Aufbau von Verkalkungen ist durch regelmäßiges Reinigen vorzubeugen.«
>»Die Verwendung von Dampfreinigern ist nicht erlaubt, die hohen Temperaturen können die Produkte beschädigen.«

Wer hier ratlos ist, ist vollkommen normal. Soll man nun reinigen oder nicht? Und wenn ja, womit? Häufig steht »Spülen«, »Nachspülen« etc. – mit Wasser. Auf einem zugehörigen Schaubildchen, allerdings in der separaten Bedienungsanleitung, sieht man einen Brausekopf in einem Schälchen mit der Aufschrift »Zitronensäure«. Aha! *hansgrohe* empfiehlt hier also bewährte Hausmittel, um den oberflächlichen Kalk von den Düsen zu bekommen. Aber jetzt kommt der

Clou, der das archaische Element des Putzens auch bei hochmodernen Armaturen hervorhebt: In der Reinigungsanleitung findet sich die Darstellung der extra entwickelten QuickClean-Funktion:

> »Mit QuickClean, der manuellen Reinigungsfunktion können die Strahlformer durch einfaches Rubbeln vom Kalk befreit werden (Abb. 1). Einfach sauber: Kalk lässt sich von den Noppen ganz leicht abrubbeln (Abb. 2).«

Welch Innovation! Gleich zwei Schaubilder zeigen, wie man richtig Kalk wegrubbelt. Aber geadelt mit einem eigenen Namen, noch dazu auf Englisch, und funktional unterlegt (»manuelle Reinigungsfunktion«) wirkt das Selber-Rubbeln wie eine höherwertige Technik.

Am Ende also ist das Wichtigste nicht das Putzmittel, sondern der wache Geist und die tätige Hand. Das sehe ich auch so. Danke, liebe Sanitärindustrie!

Das Partikularismusproblem: Erst mal mit einem Zimmer anfangen

Beim Putzen gilt gemeinhin die alte Regel: von oben nach unten. D. h. der Beginn liegt auf dem Schrank und auf der Gardinenstange, von dort geht es abwärts. Wenn man so konsequent putzt, dann kann man sich nur einen Teil der Wohnung pro Urlaubs-Tag vornehmen, d. h. ein Zimmer. Die Regel »von oben nach unten« ist typisch für den Frühjahrsputz, d. h. für einen Großputz ein bis zweimal im Jahr, aber für den Alltag, in dem es um Regelmäßigkeit geht, eher untauglich. Überfordern Sie sich nicht, Sie haben ja noch anderes zu tun. Das am einfachsten zu putzende Zimmer ist das Schlafzimmer. Fangen Sie damit an, wenn Sie sich vorgenommen haben, heute mal gründlich zu putzen, aber eigentlich weder Zeit noch Lust haben. Im Schlafzimmer ist »oben« der Kleiderschrank und die Gardinenstange. So gut wie alles andere ist unten. Mit zwei Einschränkungen: Wenn Sie in einem Altbau wohnen, kann es sein, dass im Schlafzimmer auch ein Waschbecken oder sogar eine Badewanne ist, so wie es früher üblich war; wenn Sie in einem komfortablen Neubau wohnen, haben Sie sich vielleicht auch im teppichausgelegten Schlafzimmer moderne Waschplätze einrichten lassen. Dann kann man Ihnen vorerst nicht weiterhelfen. Putztechnisch betrachtet ist das in etwa so tragisch, wie wenn man im Altbau in der Küche duschen muss, weil die einstige Speisekammer zur Nasszelle umfunktioniert wurde, wo es früher gar kein Bad gab.

Obwohl Sie in Zimmern und damit bzgl. der Wohnung partikular denken müssen (Raum-Partikularismus), gilt es zu bedenken, dass dasjenige, was Sie in einem Zimmer zur Reinigung entfernen (Gardinen, Bettwäsche) in einem anderen Zimmer zwischengelagert, gewaschen und aufgehängt werden muss, also im Bad oder in der Waschküche. Wenn Sie also planen, nach dem Schlafzimmer das Bad gründlich zu putzen, dann ist das ungünstig. Putzen Sie danach lieber das Wohnzimmer. Denken Sie auch daran, ob

Ihre Waschmaschine so groß ist, dass sie wirklich ein komplett abgezogenes Bett und die Gardinen auf einmal waschen kann. Wenn nicht, gilt wieder »von oben nach unten«, also erst die Gardinen abnehmen, dabei wird Staub aufgewirbelt. Deshalb erst danach das Bett abziehen, sonst haben Sie den Staub der Gardinen direkt in der Matratze.

Sie können natürlich auch ein Material-Partikularist sein, wenn Sie sagen »Heute wasche ich *alle* Gardinen der Wohnung!« Aber das geht nur, wenn Sie viel Wäscheleine haben oder die Gardinen sofort wieder nass aufhängen und nicht bügeln. Ferner brauchen Sie für die vielen Waschladungen viel Zeit. Außerdem zieht Gardinenabhängen nach sich, das Fenster inklusive Rahmen zu putzen, bevor Sie Gardinen wieder aufhängen. Schaffen Sie das wirklich heute? Wenn Sie eine Zwei-Zimmer-Wohnung haben, vielleicht. Damit ist bereits das Interdependenzproblem angesprochen, d. h. dass Dinge beim Putzen zusammenhängen, sowie Fenster und Gardinen. Hier besteht ein funktionaler Zusammenhang, weil beide einen Bezug zu Licht haben.

Das führt uns zum Zeit-Partikularismus, denn nicht alle Zimmer brauchen gemeinhin viel Zeit, um sie einmal zu putzen, aber manche Zimmer müssen öfter geputzt werden als andere, z. B. Bad und Küche. Dies sind die Räume, in denen Wasser fließt und daher für Mikroben besonders günstige Bedingungen herrschen. Der sowohl am häufigsten zu putzende

Raum, der gleichzeitig auch pro Putzgang die meiste Zeit benötigt, ist die Küche. Dies liegt am Kochen und an der Vorratshaltung, also am Umgang mit Lebensmitteln. Wenn Sie gerne Zeitmanagement betreiben, dann rechnen Sie so, dass etwa 50 % Ihrer Putztätigkeit auf die Küche entfällt (abhängig davon, wie oft und was Sie kochen), 25 % auf Bad/WC/Waschküche und das letzte Viertel auf den Rest. Alles verschiebt sich noch einmal, wenn Sie einen Hund oder ein kleines Kind haben …

Das Interdependenzproblem: Wo gibt es überall Fliesen in der Wohnung?

Ich bin keine bedingungslose Verfechterin des Putzens von oben nach unten, weil es dazu führt, dass man allenfalls mit einem Zimmer pro Tag fertig wird und deshalb immer nur ein partikulares Glücksgefühl hat, aber nicht den Eindruck, etwas insgesamt für die Wohnung getan zu haben. Vielmehr glaube ich, dass es motivierender und effizienter ist, dass wenn man erst mal den speziellen Reiniger im Eimer zubereitet hat, man damit dann auch alles reinigt, was damit gereinigt werden kann. Das spart Wasser wie Putzmittel und vereinfacht die Arbeit. Denn Reinigung hängt vom Material ab und deshalb sind Räume auch je nach Materialausstattung interdependent. Spezialreiniger leitet Sie an, nach allem zu suchen, was spezieller Reinigung und Pflege bedarf.

Wenn Sie z. B. Parkettreiniger im Eimer haben, reinigen Sie das Parkett in *allen* Räumen, egal ob Sie darin schon von oben nach unten geputzt haben. Ok, es empfiehlt sich, Tische und Regalflächen vorher abzuwischen. Dann saugen Sie mit dem Staubsauger alle Böden ab, auch Linoleum, Fliesen und das Parkett oder Laminat (Parkettdüse), damit der Staub in der Wohnung sich nicht von einem auf das andere Zimmer verteilen kann, vor allem auf dasjenige, was gleich feucht werden soll. Und erst dann wischen Sie nass bzw. nebelfeucht. Hochwertige Holzböden verlangen dann noch eine Nachbehandlung. Dafür ist einiges an Timing nötig, weil Sie Trockenzeiten mit einrechnen müssen.

Ähnliches gilt für Fliesenreinigung. Haben Sie bereits verdünnte Essigessenz im Eimer, dann reinigen Sie damit die Fliesen von Bad *und* Küche. Gleiches gilt auch für den Chrom- und Edelstahlreiniger. Wenn Sie erst mal den speziellen Lappen (ideal: Schwammtuch) dafür zur Hand haben, dann reinigen Sie Türbeschläge, Armaturen, das Drehkreuz vom Schreibtischstuhl, etc. Analog bei der Möbel-Politur. Berechnen Sie immer mindestens die doppelte Zeit, denn es muss nachpoliert werden, wobei Polieren länger dauert als Wischen. Gleiches bei der Schuhcreme. Ist der Putzlappen erstmal in die schwarze Creme getaucht, dann suchen Sie nach allen schwarzen Schuhen und Handtaschen, denken Sie auch mal an die Geldbörse oder Gürtel. Sagen Sie also nicht »Heute putze ich alle Schuhe« und »Nächste Woche alle Handtaschen«, sondern »Heute putze ich alles was schwarz und aus Leder ist«, »Nächste Woche alles was braun und aus Leder ist«, etc. Das führt dazu, dass Sie beim Putzen den Kopf frei haben, nachzudenken, weil Sie nicht über den Austausch von Lappen, Cremetuben etc. nachdenken müssen, sondern einfach nur Ihre Hände die Arbeit machen lassen.

Sie sollten auch versuchen, einmal einen Perspektivenwechsel einzunehmen und sich Ihre Wohnung von außen vorzustellen, wenn Sie wie ein Gast oder der Postbote vor der Tür stehen. Nehmen Sie sich dann an einem Tag vor, die Haustür von außen zu reinigen, inklusive Glasscheiben, falls welche darin sind. Und säubern Sie den Fußabstreifer (erst ausklopfen, dann Waschmaschine; falls aus Gummi: im Wassereimer, zur Not an der Autowaschanlage). Den Klingelknopf und die Klappe des Briefkastens reinigen Sie einmal dann, wenn Sie sowieso wegwerfbare Desinfektionstücher in der Hand haben, um Ihre Lichtschalter, Türklinken und den Klospülungstaster zu reinigen. Oder die Tastatur. Es gibt eine Interdependenz zwischen dem Vor-der-Tür-Stehen, dem Klingeln, dem Hineingebeten-Werden und dem wirklichen Eintreten in eine Wohnung. Die Entscheidung dafür fällt bereits an einem verklebten Klingelknopf.

Eine oft unentdeckte Quelle von Staub im Haushalt sind Heizkörper, vor allem wenn die Heizlamellen innen liegen. Sie verbreiten den Staub mit der Luft.

Zur Reinigung müssen Sie die Heizgitter abschrauben, was schon deshalb Sinn macht, weil sich hier meist eine unglückliche Mischung aus Fett, Haaren und Staub angesammelt hat. Die entfernen Sie am besten, wenn Sie ein Badetuch der Länge nach in Ihre Badewanne legen, das Heizgitter darauf legen (damit die Wanne nicht zerkratzt) und dann Badreiniger flächig darüber sprühen (Jawoll! Hier ist es erlaubt und bedarfsgerecht!). Den lassen Sie ein paar Minuten einwirken und schrubben dann mit der Wurzelbürste den Schmutz weg. Danach abduschen und das Heizgitter erst einmal antrocknen lassen. Während dessen reinigen Sie mit einer dünnen Spezialdüse für den Staubsauger die Heizlamellen. Sie gelangen wahrscheinlich nicht vollständig an alle Bereiche, deshalb setzen Sie die Düse von oben und unten an. Das ist eine sehr anstrengende Tätigkeit, ich warne Sie! Aber es muss manchmal sein. Schalten Sie dazu die Heizung aus, dann setzt sich der Staub gleich nach dem Aufwirbeln nicht so leicht wieder fest, weil die elektrostatische Anziehung durch Konvektion weniger begünstigt ist. Wenn Sie fertig sind, schrauben Sie das Heizgitter wieder fest. Weil es noch nicht an allen Ecken trocken sein kann, aber aus Metall ist und damit potenziell Rost gefährdet, schalten Sie die Heizung danach wieder ein, damit es schnell trocken wird. Bessern Sie dann poröse oder abgeblätterte Stellen der Lackierung mit einem Emaille-Weißstift aus.

Es ist klar, dass Sie, wenn Sie so etwas vorhaben, die Badewanne erst danach putzen. Putzen verlangt immer strategische Planung und immer kommt etwas dazwischen. So gelangen wir zum handwerklichen Interdependenzproblem: Oft muss man, wenn man etwas reinigen will, es auch abschrauben oder auseinandernehmen können. Putzen verlangt daher handwerkliche Fähigkeiten. Wollen Sie etwa einen in der Fliesenwand verankerten Duschkorb zum Reinigen in die Geschirrspülmaschine tun, müssen Sie ihn erst einmal abschrauben. Wenn Sie Pech haben, sehen Sie dann, dass einige Schrauben angerostet sind, also drehen Sie sie gleich auch hinaus, aber vorsichtig, damit der Dübel d'rin bleibt. Niemand, der gründlich putzt, schraubt einen sauberen Duschkorb mit einer rostigen Schraube wieder an.

Auf der Ebene der Mittel empfiehlt es sich daher, neben den Putzmitteln (Flüssigkeiten, Sprays, Cremes, Lappen, Schwämme etc.) immer auch präventiv den Werkzeugkasten aus dem Keller zu holen und verschiedene Schrauben zur Hand zu haben. Halten Sie auch immer einige Gardinenhäkchen auf Vorrat, aus unerfindlichen Gründen verschwinden einige immer beim Waschen – so wie sonst nur Socken.

Der infinite Regress: Das Putzen der Putzgeräte
oder Meta-Putzen

Das Putzen zieht höherstufig das Problem nach sich, dass auch dasjenige, womit geputzt wird, geputzt werden muss. Dann handelt es sich, philosophisch gesprochen, um Meta-Putzen. Denn wenn etwas sauber wird, wird etwas anderes dafür dreckig: Putzgeräte und Putzlappen, Eimer, Besen, Kehrblech, etc. Man gerät in einen infiniten Regress, ähnlich wie Sokrates mit seinem sinngemäßen Satz »Ich weiß, dass ich nichts weiß«. So ist die letzte Instanz des Putzens, d. h. seine Aufhebung, immer das Waschen. Der letzte Ort des Putzens ist kein Ort, sondern ein Unort der Infrastruktur des Schmutzes wie das Abwasserrohr oder die Mülldeponie. Man sollte an die Umwelt denken, wenn man putzt. Aber wer sagt, dass er aus Umweltschutzgründen keine Antistatiktücher zum Wegwerfen verwendet, sondern seine Putzlappen lieber auskocht, ist nicht unbedingt umweltbewusster. Es kommt immer darauf an, ob man Energie oder Materie betrachtet. Außerdem sind deutsche Müllverbrennungsanlagen nicht ausgelastet.

Reinigungsmaschinen können selbst schmutzig werden und müssen vom Schmutz befreit werden. Dazu hat etwa die Waschmaschine ein Flusensieb, das ab und an auszuwaschen ist (das verbirgt sich hinter der kleinen Tür unten rechts, die man meist vergisst). Auch in den Spülkammern kann sich Biofilm bilden, besonders gut, wenn man Weichspüler verwendet. Ein klassisches zu putzendes Putzgerät ist die Staubsaugerdüse, die man zur Reinigung abziehen kann. Sie sollte ab und an mit etwas Schmierseife ins Spülbecken getaucht werden, vor allem wenn Sie einen Handwerker da hatten oder einer bei Ihnen wohnt, denn Bohrstaub sammelt sich gerne vorne in der Düse und hinterlässt eine weiße Schicht. Haare und Flusen müssen per Hand entfernt werden. Sie können aber auch, wenn es schnell gehen muss, die Staubsaugerdüse mit dem Staubsaugerrohr aussaugen – das ist dann die Figur des Ouroboros, der Schlange, die sich in den Schwanz beißt. Im Inneren des Staubsaugers entnehmen Sie den Staubsaugerbeutel (spätestens alle drei Monate, wenn Sie nicht mit dem Biomüll konkurrieren wollen) und wischen dahinter in der Plastikverkleidung mit einem Schwamm und etwas Schmierseife oder Handspülmittel alle Staubablagerungen ab. Sollte es weitere Filter geben (z. B. den Motorfilter): Die meisten davon kann man in der Geschirrspülmaschine reinigen. Man kann sie, wenn sie kaputt gehen, auch nachbestellen. Bedenken Sie, dass der Staubsauger sehr häufig im Einsatz ist und er in jedem Fall bezüglich seiner Leistungskraft vollumfänglich instand zu halten ist. Was Sie allerdings auf keinen Fall machen dürfen, und ich spreche hier aus leidvoller Erfahrung, ist das Metallrohr von innen mit Wasser zu reinigen. Denn das rostet dann, ohne dass Sie es von außen mitbekommen.

Ohne Sie schockieren zu wollen, möchte ich erwähnen, dass sich ziemlich viel Schmutz vor allem dort ablagert, wo man ihn am wenigsten erwartet: auf der Putzmittelflasche! Dies hat zwei Gründe: einerseits hat man bei der Berührung der Putzmittelflasche, und zwar im Fortgang des Putzens, nicht beim Erstkontakt, schmutzige Hände, weil man gerade einen Putzlappen in der Hand hatte und dann nochmal Reiniger nachgießt etc. Rein psychologisch glaubt man immer, die Putzmittelflasche sei immun gegen Schmutz. Weit gefehlt! Zum zweiten lagern viele Menschen, die nicht über einen Besenschrank verfügen, ihre Putzmittel unter der Spüle, wo auch noch der Bio-Abfalleimer steht ... Auch Besen- und Wischmoppstiele sind Kandidaten für eine Reinigung ab und an, ebenso wie der Wäschekorb und die Wäschebox und die Box für das feuchte Toilettenpapier.

Sollten Sie übrigens einen Wäschesammler in Plastik mit dicht verschließbarem Deckel im Bad haben, jenen vor die Heizung stellen und dann ein paar feuchte Handtücher, zusammen mit Socken, darin länger lagern, dann können Sie Ihren Bio-Abfalleimer getrost daneben stellen. Sie sind ganz nah d'ran mitzuerleben, wie Leben auf diesem Planeten entstanden ist.

III.
Putztypen und ihre Nebeneffekte

Es gibt vier grundsätzliche Putztypen: Welcher sind Sie? Wahrscheinlich werden Sie sich als Mischung aus den verschiedenen Typen erkennen – eine Mischung, wie der Schmutz, den Sie entfernen möchten.

Der Hygieniker: Keimfreiheit als problematisches Ziel

Sagrotan ist für zwei Sorten von Menschen erfunden worden: für den Hobby-Hygieniker, der ein Bakterium in seiner grauenerregendsten Form, d. h. als Kolonie, visualisieren, aber dessen Lebensweise nicht verstehen kann; und für den Putzfaulen, der nie putzt und dann zweimal im Jahr einen Rappel kriegt und plötzlich alles mit einem Schlag abtöten will, um mental wieder Ruhe zu haben. Wie erkennen Sie den Unterschied zwischen beiden? Fragen Sie, wann der Mensch im Urlaub im Hotel zum Abendessen-Buffet erscheint. Der Hobby-Hygieniker wartet beim 19.00-Abendessen immer schon um 18.45 vor der verschlossenen Restaurant-Tür, nicht aus Hunger, sondern weil er der erste sein will, der Speisen berührt. Zuvor riskiert er noch einen Blick in die Küche. Dem Putzfaulen hingegen ist es egal, dass sich in einem drei Stunden lang offen stehenden Buffet die Bakterien in den Speisen bereits exponentiell vermehrt haben, vor allem, wenn erst einmal ein Paar Ärmel d'rin gehangen haben, weil die Schöpfkelle wieder mal nicht lang genug oder der Arm zu kurz war.

Wenn Sie mit einem Hobby-Hygieniker Freundschaft schließen wollen, müssen Sie ihn zu verstehen versuchen. Er leidet am Universalismusproblem (s. o.) und er hat Angst vor schwarzen Löchern im Schmutzuniversum, d. h. vor Schmutz, der als Anti-Materie vorliegt und deshalb womöglich nie entfernt werden kann. Für ihn sind Hotelaufenthalte ein Gräuel, oft nimmt er seine eigene Bettwäsche mit ins Hotel. Sein hygienischer Anspruch tritt in einen massiven Konflikt mit seinem ökologischen Anspruch, z. B. bei dem Hinweis im Hotel-Badezimmer, dass man seine Handtücher auf den Boden werfen soll, wenn man sie gewaschen haben möchte – aber doch bitte der Umwelt zuliebe möglichst lange nutzen sollte. Wenn Sie einem Hobby-Hygieniker schonend die Freundschaft kündigen wollen, sagen Sie einfach, dass Sie im Spaßbad immer die Stunden im Gemeinschafts-Whirlpool genießen. Mit einem putzfaulen Sagrotan-Nutzer sollten Sie keine Freundschaft schließen, denn dieser Mensch will schnell einen eindeutigen Erfolg ohne Anstrengung und ist deshalb für eine feste Beziehung ungeeignet.

Sagrotan wird in über 60 Ländern verkauft, meist unter dem Namen *Dettol*, in den USA auch bekannt als

Lysol. Damit hat sich *Sagrotan* als sogenannte *power-brand* oder Erfolgsschlager des Unternehmens Reckitt Benckiser mit Sitz in England ausgewiesen (Hauptinvestor ist mit 15 % die deutsche Familie Reimann), das seine Geschichte damit begann, dass Johann Adam Benckiser im Jahre 1823 in Pforzheim eine Salmiakhütte gründete. Das Kernprodukt der *Sagrotan*-Reihe, der flüssige Allzweck-Reiniger in der 1500 ml-Flasche, ist eigentlich kein Putzmittel, sondern eine abgespeckte Version eines Desinfektionsmittels, das im strengen Sinne nicht wirklich desinfiziert. Ein Desinfektionsmittel verringert die Anzahl lebensfähiger Keime auf einer Fläche um den Faktor 100.000, erst dann kann man offiziell von »Desinfektion« sprechen. Keine Sorge, in Küche und Bad bleiben immer noch genügend übrig, vor allem jenseits von leicht zu reinigenden Oberflächen. Will man Sterilität erreichen, muss noch eine Zehnerpotenz dazu, was aber nur unter Überdruck erreicht werden kann (z. B. beim Autoklavieren von Instrumenten) und daher etwas für Profis ist. Das eigentliche Ziel des Hobby-Hygienikers, die absolute Keimfreiheit, wird also nie erreicht, wie Mikrobiolog(inn)en wissen. Glücklicherweise weiß es der Hygieniker im Haushalt meistens nicht. Es würde ihn verzweifeln lassen und er würde ggf. noch mehr von diesen Mittelchen einsetzen. Es ist besser, ihn nicht mit dem Universalismusproblem zu konfrontieren, dass nämlich nie alle Keime abgetötet werden, denn der Hygieniker putzt in erster Linie aus Angst und damit nicht strategisch. Allerdings sollte man ihn mit dem Partikularismusproblem konfrontieren, dass nämlich nur die allerwenigsten im Haushalt vorkommenden Keime zu Infektionen führen und daher Desinfektion eine falsche Zielvorgabe zum Putzen ist. Und dass es nicht stimmt, dass man krank wird, wenn man nicht putzt (außer im Büro). Es geht vielmehr um das Erreichen eines Maßes an Mikroorganismen, das für einen Menschen mit einem gesunden Immunsystem ohne Probleme auszuhalten ist. Anders gesagt: Es geht um gute Nachbarschaft mit der Mikrobe.

Es sei denn, man hat Kranke im Haus zu versorgen. Aber dann sollte es in erster Linie um Wäschedesinfektion gehen (deshalb bietet *Sagrotan* auch einen Hygienespüler für die Weichspülkammer der Waschmaschine an; ein normaler Kochwaschgang tut es aber auch). Es gibt Menschen, die glauben, dass wenn sie Kranke (mit Infektionskrankheit!) im Hause haben, häufig den Boden mit *Sagrotan* oder vergleichbaren Reinigern wischen müssen – waschen aber die Wäsche des Patienten bei 30 Grad und dessen Essgeschirr im Öko-Programm der Spülmaschine, mit möglichst wenig Wasser und niedriger Temperatur. Das erste Mittel der Wahl gegen Bakterien ist: lang einwirkende Hitze! Viele Proteine denaturieren bereits ab 40 Grad. Erst das zweite Mittel der Wahl ist Chemie. Es gibt auch Menschen, die denken, das auf der Desinfektionsmittelflasche angegebene Verdünnungsverhältnis stünde da nur zum Spaß. »Viel hilft viel« ist ihre Devise und verdünnen mit weniger Wasser als angegeben. Sie wissen nicht, dass der Hauptwirkstoff in Haushalts-Desinfektionsmitteln Isopropanol (ein Alkohol) ist, der nur in einer Konzentration von 60–70 % optimal bakterizid und viruzid wirkt (aber übrigens nicht sporizid). Ist die Konzentration höher, denaturieren die Proteine der Bakterienwände bzw. Virenhüllen vorschnell und das Putzmittel gelangt nicht ins Innere des Bakteriums oder Virus, tötet es also nicht wirklich ab, geschweige denn ggf. infektiöse Nukleinsäuren. Hier wird allenfalls eine mikrobiostatische (Mikroorganismen stellen ihre Teilung ein), aber keine mikrobiozide Wirkung erreicht. Hält man die Konzentration ein, passiert das Isopropanol fröhlich die Bakterienwand, lässt die darunter liegende, empfindlichere Membran aufquellen und das Bakterium zerplatzt durch osmotische Effekte. Erst dann ist es mausetot. Ist die Konzentration deutlich niedriger, geschieht sowieso nichts Wesentliches außer der Entfaltung des Frischeduftes durch beigegebene Parfümöle.

Die meisten Haushalts-Desinfektionsmittel verfehlen ihre ohnehin aus Sicherheitsgründen eingeschränkte Wirkung wegen falschen Nutzerverhaltens. Allerdings nimmt ihr Einsatz immer mehr zu, was aus zwei Gründen bedenklich ist, weshalb sowohl das Robert-Koch-Institut als auch das Umweltbundesamt vor dem Einsatz von Desinfektionsmitteln im Haushalt warnen: Zum einen belasten Desinfektionsmittel die biologische Stufe der Kläranlagen, bei der nützliche Bakterien zur Wasseraufbereitung gebraucht werden; zum anderen führt der vermehrte Einsatz im Privathaushalt dazu, dass die aus Krankenhäusern bekannten resistenten Bakterienstämme sich auch im Privathaushalt entwickeln könnten. Dies passiert vor allem dann, wenn man das Mittel falsch aufbringt oder nicht lange genug einwirken lässt. Denn Resistenzen werden durch Mittel erreicht, die bakteriostatisch wirken, das Erbgut aber nicht abtöten. Es kann durch sogenannte Transformation immer noch weiter gegeben werden an Bakterien, die sich fröhlich weiter teilen können – unter dem Schutz des eingangs erwähnten Biofilms, meines Lieblingsschmutzes. Denn viele Bakterien überleben das Putzen deshalb, weil sie sich in Schutzschichten glücklich vor dem Putzmittel verbergen können, z. B. in Ablagerungen von Kalk oder Grünspan, aber auch in nicht glatt aufgetragenem Silikon. Oder im Gummistöpsel. Von Fugenmörtel nicht zu reden. Und sie tun es deshalb, weil man nicht mehr mit der Hand putzt und den notwendigen Druck auf Ablagerungen ausübt, und weil es immer schnell gehen muss und der Schmutz gar keine Zeit hat, sich zu lösen.

Dabei reicht im Haushalt zur Gewährleistung der Hygiene eine normale Seifenlauge aus biologisch abbaubaren Tensiden völlig aus, wenn man *regelmäßig* putzt (wie die Schmierseifenfraktion). Wichtig ist es auch, Schwämme und Putztücher häufiger zu wechseln bzw. auszukochen. Ferner sollte man seine Wäsche häufiger wechseln und seinen Müll, vor allem den Biomüll, nicht erst nach zwei Wochen aus der Wohnung schaffen. Der Biomülleimer unter der Spüle ist ein neues Paradies für potenziell pathogene Keime im Haushalt geworden, das die wichtigen mikrobiologischen und hygienischen Erkenntnisse von Robert Koch, Max von Pettenkofer, Ignaz Semmelweis und Josef Lister eigentlich verspottet. Denken Sie daran, dass Bakterien sich unter günstigen Bedingungen – und was wäre günstiger, als ein Biomülleimer im Haus mit Wohntemperatur – alle 20 Minuten teilen können! Das ist dreimal in der Stunde bzw. 72-mal am Tag, wobei Sie hier logarithmisch denken müssen! Einmal an den Deckel eines wochenlang vor sich hin modernden Biomülleimers hin gefasst, danach schnell die Butterdose aus dem Kühlschrank geholt und sich ein Brot geschmiert, und Sie sollten nie wieder über *Sagrotan* auch nur nachdenken! Vielleicht können Sie das auch Ihrem Hund erklären, irgendwie. Wenn Sie also Ihren Freund, den Hobby-Hygieniker, vom Sagrotanisieren abhalten wollen, dann sagen Sie einfach: »Wie, Du hast den Biomüll IM HAUS?« Dann lassen Sie einfließen: »Weißt Du, wie viel 2 hoch 72 ist? Und wie viele Mutationen dabei passieren können?« – Ich garantiere Ihnen, der Hobby-Hygieniker ist ab dann dauernd damit beschäftigt, jede Eierschale und jeden Teebeutel persönlich aus dem Haushalt zu tragen, zur Not zwanzigmal am Tag. Er ist beschäftigt und zwar mit seinem Lieblingsthema: dem Erfüllen seiner selbst auferlegten Hygienevorschriften.

Wie ich schon erläutert habe, sind naturwissenschaftliche und technische Kenntnisse das Wichtigste beim Putzen und Reinigen. Kaufen Sie sich einzeln abgepackte Desinfektionstücher, um glatte Oberflächen wie Lichtschalter, Türklinken, den Kühlschrankgriff, Badarmaturen und Toilettensitze bakterizid zu behandeln und stellen Sie dem ggf. Kranken einen eigenen Abfalleimer mit Deckel neben das Bett (für die Papiertaschentücher; wischen Sie aber auch über den Deckel des Eimers und nach der Gesundung: reinigen Sie den Eimer!). Gönnen Sie ihm und sich am besten ein kleines Fläschchen Handdesinfektionsmittel. Händewaschen trotzdem nicht vergessen. Alles Andere erledigt sich mit hohen Temperaturen. Wäre die Krankheit so schlimm, dass man umfassende Desinfektionsmaßnahmen ergreifen müsste, dann wäre Ihr Patient schon in Quarantäne verlegt worden. Zugang nur über eine Ozonschleuse.

Desinfektionsmittel aus dem professionellen Bereich enthalten Chlorverbindungen und/oder Wasserstoffperoxid, manchmal auch Phenole und Formaldehyd. Sie sind Oxidationsmittel und sollten nicht mit der Hand in Berührung kommen, Relikte finden sich noch beim abflussbefreienden Rohrreiniger oder bei starken WC-Reinigern. Für die meisten im Haushalt verlegten Böden sind sie zerstörerisch. Selbst wenn man keine Ahnung von Chemie hat, erkennt man das Desinfektionsmittel daran, dass es niemals in einer Sprühpistole verkauft wird, sondern meist in dunklen, undurchsichtigen Flaschen. Das bedeutet, eigentlich sind Desinfektionsmittel dazu gedacht, in bestimmten Verdünnungen auf Flächen ausgebracht zu werden und dort *länger* einzuwirken, um ihre bakterizide, sporizide, fungizide und viruzide Wirkung zu entfalten. Sie sind nichts für das schnelle D'rüberhuschen mit dem Feudel. Geputzt sollte mit ihnen nur werden, wenn man die Distanz des Wischmopps nutzen kann, mit Gummihandschuhen an den Händen und speziellen Gummistiefeln an den Füßen! Der Hygieniker putzt aber ohnehin immer mit Gummihandschuhen. Diejenigen, die Erfahrungen damit haben, den Boden eines Segelbootes aus Kunststoff auszuwischen, wissen, warum man dabei Gummistiefel mit glatter, grundsätzlich weißer Sohle anzieht.

Wenn Sie bei Ihrem oder Ihrer Bekannten in den Putzschrank oder unter die Spüle schauen, können Sie an der Auswahl des Putzmittels einiges über den Charakter des Menschen aussagen. Finden Sie *Sagrotan*, seien Sie erst mal vorsichtig. Der Mensch ist wahrscheinlich ein Hobby-Hygieniker und damit beim Putzen angstbestimmt, aber ohne naturwissenschaftliche Bildung (um ihn vom putzfaulen Rundum-Killer zu unterscheiden, eruieren Sie das Mindesthaltbarkeitsdatum der *Sagrotan*-Flasche, wenn Sie noch keine Zeit hatten, ihn über seine Urlaubserlebnisse und Buffet-Nutzungsgewohnheiten auszufragen). Er neigt dazu, misstrauisch zu sein und glaubt nicht an dasjenige, was er sieht. Dafür kann der Hygieniker mit

Enttäuschungen umgehen. Denn er wird schon auf der Putzmittelflasche enttäuscht, weil der Aufdruck besagt, dass nur 99,99 % aller Bakterien *beseitigt* – und das heißt: abgetötet! – werden können. Eigentlich ist das Wort »Beseitigung« hier falsch verwendet, denn die Leichen liegen ja noch herum, nur sieht man sie nicht. Deshalb gilt beim Bodenwischen immer: zweimal wischen! Das erste Mal zum *Lösen* des Schmutzes, das zweite Mal zum *Aufnehmen* des Schmutzes mit einem Aufnehmer! Die meisten Menschen erledigen allerdings alles mit einem »Aufwisch«, d. h. sie verteilen den Schmutz bzw. ggf. die Bakterienleichen nur um. Wie auch immer: Das verbleibende 0,01 % der nicht beseitigten Mikroben lässt den wahren Hygieniker nicht ruhen und das kann sich zur Psychopathologie auswachsen. Hat der Hygieniker biologische Kenntnisse, dann weiß er, dass Bakterien meist gar nicht das Problem sind, sondern Pilze und ihre Sporen. Die Spore ist eine Überdauerungsform von Bakterien und Pilzen, die viel aushält und viel Zeit hat. Die allerwenigsten für den Haushalt angebotenen Desinfektionsmittel sind allerdings sporizid. Keimfähige Pilzsporen wurden noch aus dem Grab von Ramses II. isoliert. Aber der hatte natürlich auch kein *Sagrotan*. Haben Sie es mit einem wahren Hygieniker zu tun, haben Sie nur zwei Möglichkeiten: Beruhigen Sie ihn oder verwirren Sie ihn!

Vorbild des Hygienikers ist die Sterilität des idealen Krankenhauses, die, wie wir wissen, Utopie geblieben ist. Den biologisch gebildeten Hygieniker beschäftigt, ob sich die Antibiotika-Resistenz der Krankenhauskeime vielleicht irgendwann zu einer *Sagrotan*-Resistenz auswachsen könnte – das wäre für ihn oder sie ein GAU. Dabei sieht er nicht, dass er zur Verbreitung einer Resistenz selbst beiträgt. So war es bei den Ärzten auch, als sie immer mehr Antibiotika verschrieben haben, die jetzt nicht mehr wirken. Dabei wurde spätestens seit den 1980er Jahren durch Mikrobiologen vor Resistenzen gewarnt. Gerade an der umstrittenen Krankenhaushygiene können wir allerdings erkennen, dass mangelnde Kenntnis im Putzen zu einer generell mangelnden Kenntnis führt, wo sich Mikroben überall aufhalten können, auch bei studierten Menschen. Es ist eben nicht das WC, sondern die Computer-Tastatur, der Kühlschrank, der Abfalleimer und – ich kann es nicht oft genug wiederholen – der Lichtschalter!

Wenn Sie dem Hygieniker in seinem Leiden wirklich helfen wollen, raten Sie ihm zur Installation einer Profi-UV-Lampe in der Küche und im Bad, die er nachts anstellen kann. Das ausgestrahlte Licht der Wellenlänge 254 nm oder kleiner tötet viele Bakterien unwiderruflich ab. Aber weisen Sie auf Schutzbrillen hin und auf den Umstand, dass man sich dann nachts nicht mal schnell ein Bier aus dem Kühlschrank holen kann. Raten Sie ihm ggf. zum Einbau einer solchen UV-Lampe in den Kühlschrank, aber mit Schalter, damit das Licht auch leuchtet, wenn die Tür zu ist.

Nachts sollte der Hygieniker dann das Grimm'sche Märchen *Das blaue Licht* lesen, in dem ein Mann zum Tode verurteilt wird, weil er die Königstochter hat Mägdedienste verrichten lassen. Ein weniger teurer Ratschlag, der den Hygieniker glücklich macht, weil er dem Ziel der absoluten Keimfreiheit durch eigenes Handeln nahe zu kommen glaubt, ist folgender: Raten Sie ihm, alle seine Badarmaturen, Seifenschalen-, Zahnputzgläserhalter etc. abzuschrauben und im Dampfkochtopf unter Hochdruck zu autoklavieren. Während der Überdruck das Nötige tut, kann man die freigeschraubten Befestigungsuntergründe und Fliesen mit *Sagrotan* reinigen ...

Der Ästhet: Nur die Oberflächen müssen glänzen

Der Ästhet ist der häufigste Putztyp, der gesellschaftlich, institutionell und industriell gefördert wird. Er liebt die großbürgerliche Idee, dass es so auszusehen hat, als hätten in seinem herrschaftlichen Anwesen mindestens zehn Dienstboten nur eines getan: poliert! Aber er will nicht polieren, glänzen soll es trotzdem. Auf dieses tief liegende, feudale Bedürfnis hat sich die Putzmittelindustrie so gut eingestellt wie auf kein anderes. Der Ästhet putzt in erster Linie für andere bzw. lässt putzen, will seine Wohnung vorzeigen und sich damit als reinliche wie glanzvolle Persönlichkeit in Erscheinung bringen. Sein Lieblingsputzmittel ist der Glasreiniger, der Glanz hinterlässt, ohne nachpolieren zu müssen. Die Wohnung hat deshalb meist Glastische, Spiegel und viel Fensterfront, das Bad hat eine verglaste Duschkabine. Der Ästhet bzw. Oberflächen-Putzer hat zwei Probleme: Erstens hat er kein Verhältnis zum Schmutz und zweitens keines zum Raum. Er denkt Putzprobleme zweidimensional, d. h. in der Fläche. In der Wohnung des Ästheten sieht es deshalb nie schmutzig aus, aber sauber ist es auch nicht.

Ästheten sind meist gute Freunde, weil sie ja wollen, dass es für Sie schön ist und Sie sich wohlfühlen. Das ist eine gute Einstellung. Wenn Sie allerdings ein schwaches Immunsystem haben, besuchen Sie den Ästheten nicht zu oft, oder nur, wenn er nicht selbst kocht, denn dann reduzieren sich etwa 50% aller Schmutzquellen und Hygieneprobleme in seiner Wohnung. Denn wenn der Ästhet selbst kocht, dann nicht Spaghetti, sondern etwas Besonderes, wie Kurzgebratenes aus dem Wok in Sesamöl (fettige Aerosole!) und Gerichte mit rohem Fisch.

Der Ästhet neigt dazu, sich mit schönen Dingen zu umgeben und sammelt daher viel Ausstellungswürdiges. Seine Wohnung hat immer etwas Persönliches. Das Problem ist, dass die meisten Dinge aber doch dreidimensional sind und daher von allen Seiten geputzt werden wollen. Das meinte Heidegger mit dem Satz: »Das Ding dingt.« Versuchen Sie auf keinen Fall, einen Ästheten zu Schmierseife oder Essigessenz zu überreden. Die erste lehnt er schon wegen des Begriffs, die zweite wegen des Geruchs ab. *Sagrotan* hält der Ästhet für völlig überbewertet, womit er recht hat. Wenn Sie Glück haben, können Sie den Ästheten vom Antistatiktuch überzeugen, denn Staub ist der einzige Schmutz, den er sich erlaubt, überhaupt zur Kenntnis zu nehmen. Um der Tätigkeit des Staubwischens einen höheren Sinn abzuringen, sollte der Ästhet dabei einen Funk-Kopfhörer aufsetzen (eine entsprechende Stereo-Anlage hat der Ästhet immer) und ein Hörbuch aus der Reihe »Der Staub der Weltliteratur« hören: z. B. *Griff in den Staub* von William Faulkner. Achten Sie auf eine Mindestspielzeit von 70 Minuten bzw. schenken Sie einen Mehrteiler zum Antistatiktuch (etwa die frühe Foundation-Trilogie von Isaac Asimov: *Ein Sandkorn am Himmel, Sterne wie Staub, Ströme im All*).

Dazu kommt, dass der Ästhet nicht erkennt, dass auch eine Fliesenwand keine ebene Fläche ist, sondern Fugen hat, in denen sich einiges ablagert. Ein guter Sanitärbetrieb hat, wenn die Verkäuferin den Kunden typologisch erkannt hat, ihm ein Mosaik aus Natursteinfliesen für Bad und Küche verkauft, denn in dem sieht man weder rote, noch grüne, noch schwarze Ablagerungen der Mikroben. So reinigt man auch nicht mehr bzw. sprüht zur Beruhigung einfach einmal im Monat alles mit einem milden Badreiniger ein und duscht es ab. Zur Belustigung der Mikroben.

Das Gute am Ästheten ist aber, dass er sich überhaupt nicht schämt zuzugeben, dass er nicht putzen kann und deshalb notwendigerweise eine Putzfrau braucht. Denn schließlich ist er ja zu Höherem berufen. So kann meist das Schlimmste verhindert werden.

Wenn Sie dem Ästheten etwas Nützliches zum Reinigen schenken wollen, dann ein Ultraschallreinigungsgerät für Brillen, Schmuck und Manschettenknöpfe. Denn danach glänzt wieder alles und der schöne Schein der Oberfläche kommt zu seinem Recht.

Der Funktionalist: Geputzt wird, was gebraucht wird

Der Funktionalist ist ein sehr sympathischer Putztyp, denn er putzt dasjenige, das auch in Benutzung ist und hält es instand. Dabei ist er auf Dinge des täglichen Gebrauchs konzentriert, z.B. Kochgeräte, Zahnputzgläser etc. Sein Problem ist, dass er sich nicht dem Schmutz zuwendet, der ›nebenbei‹ auf eigentlich allem entsteht. Dieses Verhalten ist konträr zu dem des Ästheten, der sich innerlich weigert, zuzugeben, dass er den Schmutz macht, indem er Dinge gebraucht. Imaginär gebraucht der Ästhet aber ja keine Dinge, sondern wähnt sich konstant im Zustand der Anschauung.

Den Funktionalisten erkennt man daran, dass er erstens alles, was in die Geschirrspülmaschine passt, auch dort hineinpackt und das ist auch gar nicht dumm. Gummistöpsel z.B. können auch in die Geschirrspülmaschine. Der ausgebildete Funktionalist kennt darüber hinaus den Trick, dass man verschmutzte Kleinteile (z. B. einer auseinander genommenen Pfeffermühle), die durch den Besteckkorb zu rutschen drohen, in einem ausgebreiteten Fliegengitter im Oberkorb der Spülmaschine reinigen kann. Die Geschirrspülmaschine des Funktionalisten lässt dem Unterkorb mit seinen klappbaren Halterungen so viel Platz, dass auch noch die Alu-Trittleiter hinein geht. Die Dunstabzugshaube des Funktionalisten ist nach dem einzigen Kriterium ausgesucht, das Sinn macht: wie viel Kubikmeter Luft sie pro Stunde umwälzt.

Zweitens hat der Funktionalist ziemlich viele Spezialreiniger (Ceranfeld-Reiniger, Chrom- und Edelstahlreiniger, Kunststoffreiniger), aber, drittes Merkmal, keinen Universalreiniger. Denn beim Thema Boden kennt der Funktionalist nur eines: den Staubsauger. Er ist neben der Spülmaschine sein Lieblings-Artefakt zum Reinigen, dabei hat er meist keinen Teppich. Funktionalisten staubsaugen viel und gerne, wischen aber nicht Staub. Meistens hat ein Funktionalist auch nicht so viele Dinge herumstehen, die einstauben könnten. Es sei denn, er ist Informatiker, dann wischt er an einer Stelle Staub: am Lüftungsgitter seines Standrechners. Alle anderen Dinge betrachtet er als Staubfänger. Logischerweise ist das Wichtigste für einen Funktionalisten, die Dinge funktionsfähig zu erhalten. In der Extremform neigt der Funktionalist dazu, seine Wohnung nur nach funktionalen

Gesichtspunkten einzurichten, was leicht etwas unpersönlich wirkt. Z. B. hat der Funktionalist oft in der ganzen Wohnung einen einheitlichen Bodenbelag, am liebsten Fliesen; und keine Gardinen, sondern Rollos (als könnten die nicht einstauben!). Gemeinhin ist er Anhänger des BAUHAUS-Stils. Socken kauft er alle in Schwarz, Unterwäsche grundsätzlich in Weiß, deshalb gibt es für ihn keine Waschexperimente. So richtig gemütlich ist es bei ihm nicht, obwohl er meist wenige Gerichte sehr gut kochen kann, aber wenn man einen technischen Rat braucht, kann man immer zu ihm (oder ihr) kommen.

Und weil der Funktionalist technikbegeistert ist, hat er ein drittes Lieblings-Artefakt zum Reinigen: den Hochdruckreiniger! Den setzt er aber nur für eines ein: für das Kärchern der Fliesenfugen, von denen er reichlich hat. Weil er das in einem Aufwasch macht, nimmt er sich dafür zwei Tage Urlaub. Hochdruckreinigen ist für ihn besser als Weihnachten. Und das darf nicht zu oft passieren, damit die Begeisterung anhält.

Einen Funktionalisten erkennen Sie letztlich daran, dass er vergisst, die Fenster zu putzen, weil die eben nicht im eigentlichen Sinne gebraucht werden, sondern einfach über die Zeit dreckig werden. Das könnte einem Ästheten nie passieren.

Der Psychoanalytiker: Der verborgene Schmutz muss ans Tageslicht

Es ist kaum zu glauben, aber selbst dasjenige, was man vor Schmutz zu schützen versucht, wird schmutzig. Niemand weiß das so gut wie der Psychoanalytiker unter den Putztypen. Aber er glaubt nicht an den Zweiten Hauptsatz der Thermodynamik und damit an die Entropie, sondern in seinem Universum führt der Schmutz ein Eigenleben und hat Autonomie. Der Psychoanalytiker ist derjenige, der den Dingen auf den Grund geht und am liebsten das putzt, was hinter geschlossenen Türen sein Unwesen treibt. Aber er tut dies nicht, wie der Hobby-Hygieniker, aus Angst vor Mikroben, sondern weil er die dunkle und verborgene Seite des Schmutzes insgeheim liebt. Deshalb freut sich der Psychoanalytiker, wenn er Schmutz an Stellen findet, wo man ihn nicht erwartet (nur er!). Sein Ziel ist nicht, den Schmutz unbedingt zu beseitigen, sondern ihn zu *behandeln*. Er hat dadurch ein relativ gesundes Verhältnis zum Schmutz, kann aber trotzdem als Partner ziemlich anstrengend sein, weil er den Schmutz in seiner Geschichte der Entstehung jedes Mal durchleben muss, um ihn zu verstehen. Wenn Sie mit so jemandem das Leben teilen, müssen Sie die Rolle der Supervisorin einnehmen. Lassen Sie ihn erzählen über den Schmutz und alle zugehörigen Emotionen. Und fragen Sie dann hermeneutisch-verständnisvoll zurück, z. B. »Und warum ist es Dir so wichtig, wie der Schmutz auf die Glühbirne im Kühlschrank gekommen ist?«

Jeder Schmutz hat für den Reinigungsanalytiker eine Geschichte zu erzählen, und je nachdem, wie wichtig die Geschichte ist, darf der Schmutz bleiben oder nicht. Deshalb renoviert er seine Wohnung nie, sammelt aber viel und gerne, nicht unbedingt Schönes, aber Skurriles und Persönliches. Ihm geht es um die Verknüpfung mit Erinnerungen: alte Theaterkarten, Postkarten, Gläser mit Muscheln und Sand vom Strandurlaub. Der Analytiker weiß, dass man Fetischobjekte niemals waschen darf: das verschwitzte Fußballtrikot, mit dem man sein erstes Tor schoss; die Serviette vom ersten Date im Restaurant mit dem Lippenstiftabdruck von IHR (die man hat mitgehen lassen zur Erinnerung, also die Serviette, meine ich), die Milchzähne der Kinder.

Typische Tätigkeiten des Reinigungsanalytikers sind: in Küchenschränken putzen, in Schubladen putzen und sie mit Schubladenpapier auslegen, den Kühlschrank putzen, Reisekoffer aussaugen, den Backofen reinigen und über alle Verkrustungen nachdenken, Badarmaturen abschrauben und nachsehen, was sich dahinter verbirgt, Kämme und Haarbürsten reinigen, den Abfluss reinigen. In der Extremform: mit der Taschenlampe in alte Dübel reinleuchten und nachsehen, ob da jemand wohnt oder den Toaster von innen aussaugen (Netzstecker ist gezogen!), weil der Analytiker weiß, dass nicht alles in der Krümelschublade gelandet sein *kann*. Aber am liebsten hat der Reinigungsanalytiker einen Raum, der für viele nur unbewusst zur Wohnung gehört: den Keller.

Dort vermutet er Abgründe und meistens hat er recht. Nicht zuletzt hofft er, seine eigenen seelischen Abgründe dort zu finden. Denn der Psychoanalytiker des Putzens ist ein Melancholiker, der gerne über die Vergangenheit nachdenkt und den Keller deshalb nicht verdrängen kann. Im Keller findet er dasjenige, das nicht einmal mehr zum Putzen für Wert befunden wird, weil man es zur Zeit nicht braucht. Dass man es nie mehr braucht, akzeptiert der Psychoanalytiker nicht, denn biographisch Angesammeltes ist immer zu etwas gut: aus der Mode geratene Kleidungsstücke, von denen man sich nicht trennen konnte; Möbel, die nicht in die jetzige Wohnung, aber sehr schön in frühere Wohnungen gepasst haben; das Puppenhaus oder der Kaufladen der Kinder, die schon lange groß sind und nicht zuletzt: die Stofftiere aus der eigenen Kindheit. Selbst wenn alles schön verpackt ist, entscheidet sich der Psychoanalytiker, die Stofftiere mit nach oben zu nehmen und im Schongang zu waschen. Denn vielleicht haben auch sie eine Seele?

IV.
Die Utopie: Nie wieder putzen!

Das utopische Denken fragt nach dem, was noch keinen Ort hat. Anders gesagt: Was es noch nicht gibt, aber angestrebt werden sollte. Die Verfasser berühmter Utopien wie Thomas Morus (*Utopia* 1516), Tommaso Campanella (*Der Sonnenstaat* 1602) und Francis Bacon (*Neu Atlantis* 1627) befassten sich mit großen gesellschaftlichen Umwälzungen, mit einem gerechteren und dadurch besseren Staat. Immer spielen technische und naturwissenschaftliche Innovationen eine Rolle, um z. B. stets genug zu essen zu haben oder nicht mehr körperlich arbeiten zu müssen und sich endlich höheren Aufgaben wie der Bildung widmen zu können. In Campanellas *Sonnenstaat* verbringen alle Menschen maximal vier Stunden am Tag mit öffentlichen und handwerklichen Diensten. Bislang hat dabei niemand explizit an das Putzen gedacht, dabei ist ein Ort, an dem man nicht mehr putzen muss, eine der größten Utopien des heutigen Menschen. Thomas Morus beschreibt in *Utopia* in der Ausgangssituation immerhin die »Sudelarbeit«, die von Leibeigenen durchgeführt werde. Das heißt, hier geht es nicht um die Vermeidung des Putzens, sondern die Freiheit des arbeitenden Menschen. In der frühen Neuzeit war der Schmutz offenbar noch kein derartiges Problem, dass alleine daraus eine Utopie hätte entstehen können, anders als Krieg, Hunger, Sklaverei und Armut. Vielleicht liegt das daran, dass für die Utopisten auch damals schon andere putzten. Auf jeden Fall liegt es aber daran, dass es das Wort »putzen« mit seiner universalen Bedeutung, ein Schmutzall bekämpfen zu können, damals gar nicht gab, weil die Welt nicht so gesehen wurde.

Geputzt wurde schon immer, aber nicht das Ganze, sondern einzelne Objekte und Bereiche, für deren Säuberung bestimmte Menschen zuständig waren. Meistens ging es dabei um zwei Funktionen: das Instandhalten und dessen Erweiterung: die Pflege. Dem Säubern von Objekten standen früher die Tätigkeiten gegenüber, die als »Reinigen« bezeichnet wurden und sich auf den menschlichen Körper, aber auch die menschliche Seele bezogen. Ein Grenzgebiet ist z. B. all dasjenige, was mit dem Badezimmer als Ort der Körperhygiene zu tun hat, wie das Wort »Toilette« heute noch nahelegt: es meint ein Objekt, eine Handlung (Morgentoilette) aber auch einen Handlungsvollzug, dessen oberste Schicht die Kosmetik bis hin zur Kleidung ist: der Putz. All dies hatte mit Instandhaltung nichts zu tun, wohl aber mit Pflege. Wenn es also eine intrinsische Verbindung zwischen den Tätigkeiten des Putzens und der Reinigung gibt, dann die des Erzielens von *Langlebigkeit*. Etwas soll die Zeit überdauern können und Bestand haben: ewig sein.

Die eingangs festgestellte Entkörperlichung des Schmutzes in der industriellen Moderne drückt sich deshalb auch im Wort »putzen« aus, weil man es nicht mehr für das Säubern und Pflegen des eigenen Körpers verwendet, sondern für Räume, Flächen und Objekte. Umgekehrt ist die pervasive Verwendung des Wortes »Reinigung« – z. B. »Reinigungsmittel« statt »Putzmittel« – ein Hinweis darauf, dass die Ansprüche an die Sauberkeit von Objekten, Räumen und Flächen ebenso gewachsen sind wie die an Körper. Objekte, Flächen und Räume werden im Privathaushalt immer weniger im Sinne der Instandhaltung und Funktionsfähigkeit gesehen und gesäubert, sondern vor dem Hintergrund der Hygiene und des lebenden, sich daher auch potenziell vermehrenden Schmutzes interpretiert: als *kontaminiert*. Ausufernde Hygienephantasien entstammen letztlich dem Phantasma des Bioterrors, weshalb die Bekämpfung des so phantasierten Schmutzes durchaus mit modernen kriegerischen Handlungen zu vergleichen ist, wie die Vernebelungsaktion beim Einsatz von Sprühreinigern zeigen mag (s. weiterführend: Philipp Sarasin: »*Anthrax*«. *Bioterror als Phantasma*, 2004). Das Reinigungsmittel muss dann transgressiv in alle Ecken und Ritzen vordringen, obwohl es dort Dichtungen zerstört. Das Reinigungsmittel ist nicht nur deshalb kein Putzmittel mehr, weil man mit ihm nicht mehr selber putzen muss, sondern weil der Endzustand, die Reinigung, schon zum Maß aller Dinge geworden ist.

Es nimmt nicht wunder, dass Putzen als *Tätigkeit* immer weniger Beachtung findet. Die bisherigen Psychopathologisierungen des Putzens (»Putzzwang«) sind immer auf das angebliche Ziel der Sauberkeit oder gar Reinheit fokussiert und haben damit die Tätigkeit des Putzens, bei der man etwas lernen kann, völlig ignoriert. Wie Richard Sennett in seinem Buch *Handwerk* (2008) deutlich macht, geschieht diese Ausblendung des Tuns und Machens auch bei der theoretischen Betrachtung des Handwerks, weil man sich auf die finale Beziehung von Individuum und fertigem Werk konzentriert, d. h. den Bestandscharakter. Weniger betrachtet man den Akt des Herstellens, der immer auch eine spielerische Komponente des *Ausprobierens* hat und die Möglichkeit des Scheiterns beinhaltet. Jene Möglichkeit muss ausgehalten werden wie der Schmutz, der die Ambivalenz von Vergänglichkeit und Bestand der Dinge an den Dingen zeigt. Laut Sennett braucht es 10.000 Stunden der Übung, bis man eine manuelle Tätigkeit meisterhaft beherrscht. Erst ab dieser Stufe des Virtuosentums geraten für den Tätigen die ethischen Aspekte seines Tuns in den Blick, z. B. hier: die Folgen des Einsatzes von Desinfektionsmitteln. Vorher geht es immer um Anderes: das Funktionieren, das Erledigen und Fertigwerden, etc. Angenommen, man putzt und wäscht – alles in allem – etwa drei Stunden die Woche. Das wären 156 Stunden im Jahr. Dann bräuchte man 64 Jahre, um eine Meister-Putzerin zu werden, die kurz vor dem Ableben nochmal alles auf Hochglanz bringt. Es hilft also nur: früher anfangen oder mehr pro Woche putzen.

Beim Putzen kann man viel lernen, einiges habe ich zu erläutern versucht. Aber das Wichtigste ist das Lernen der *Geduld*, die man braucht, um etwas schwer Haftendes zu lösen. Dazu kommt der ständige Perspektivenwechsel (Leiter!), den man einnehmen muss, um das Problem ganz zu erfassen. Ferner erlangt man Toleranz, nicht entfernbaren Schmutz, an dem man sich versucht hat, auszuhalten: dass er da ist und sein wird. Das lernt nur der langsam und gründlich Putzende, nicht der Sprühpistolenheld und auch nicht die, die alles Schmutzige gleich wegwirft.

Die Römer hatten für das Säubern ein schönes Wort: *emundare*. Es beinhaltet das lateinische *mundus* (die sichtbare Welt) und meint wörtlich, »etwas aus der Welt schaffen«. Obwohl das bekanntlich nicht geht, stellte man sich bereits damals den Schmutz als etwas vor, das keinen Ort zu haben hat. Man verwendete es z. B. auch für das Verlesen von Saatgut oder beim Waschen von Gemüse vor der Zubereitung. Das Säubern war dann eine Technik im Sinne des Handelns: sich eine bewohnbare Welt zu schaffen (Hannah Arendt). Der Schmutz sollte in der Wohnung nicht getötet werden, sondern nur so unsichtbar sein, dass er nicht stört. In diesem Sinne der Bewohnbarkeit der Welt war Schmutz schon immer ohne Ort: utopisch.

Wenn der Schmutz nun aber nirgendwo mehr sein darf, deutet das auf den kolonialistischen Anspruch hin, theoretisch als Mensch überall wohnen zu wollen. Aber selbst vom Mond hat man ›Mondstaub‹ mitgebracht. Und man sucht nach Wasser und vor allem nach dem, worauf die Kombination von Feuchtigkeit und Staub immer hinweist: dass es Bakterien gibt! Und damit Leben! Wo ein Bakterium lebt, lebt irgendwann der Mensch – so die Raumfahrtideologie. Warum versteht man das im Haushalt nicht? Wollen wir in unseren Wohnungen nicht mehr leben, sondern sie nur noch ausstellen? Aber wo setzen wir uns dann hin, wenn wir mit dem Putzen vorerst wieder mal fertig sind? Verzweifeln wir bald an diesem Anspruch und lassen das Putzen dann lieber ganz? Wieso gibt es so viele Science-Fiction-Filme mit Aufständen von versklavten Robotern, aber keinen mit einem globalen Putzfrauenaufstand? Liegt es daran, dass wir uns andere Planeten und die *Aliens* ohnehin als sehr dreckig vorstellen, damit wir selbst sauberer erscheinen? Und dass wir fest davon ausgehen, dass es immer jemanden geben wird, der unseren Dreck weg macht?

Der Putzende hat die Chance, steht aber auch in der Gefahr, zum Übermenschen werden zu wollen. Friedrich Nietzsche, der die Idee vom Übermenschen am wirkungsvollsten entwickelt hat, zeichnet in *Also sprach Zarathustra* einen Menschen, der sich zunächst dem nihilistischen Gedanken aussetzt, dass alles ewig wiederkehrt (Ewige Wiederkunft) – wie der Schmutz, der aber bei Nietzsche auf die schmutzige Seele des Menschen übertragen wird. Es ist ein Mensch, der

Gott und nicht zuletzt sich selbst verachtet: weil er so geschaffen wurde, wie er und sie ist. Schmutzig.

>»Wahrlich, ein schmutziger Strom ist der Mensch. Man muß schon ein Meer sein, um einen schmutzigen Strom aufnehmen zu können, ohne selbst unrein zu werden. Seht, ich lehre euch den Übermenschen: Der ist dies Meer, in ihm kann eure große Verachtung untergehn.« (*Also sprach Zarathustra*, Vorrede, in: KSA 4, 15)

Der Übermensch kann sich dem Schmutz stellen, indem er ihn anerkennt und immer neue Wege findet, mit ihm umzugehen. Das wäre eine lebensbejahende Konsequenz der Entheiligung des Schmutzes, der in der Gegenwart unantastbar scheint und von dem man beim Putzen unbewusst immer noch glaubt, dass er, als Belohnung für das nun eigenhändig erworbene Gutsein, irgendwann für immer verschwinden könnte. Daran glauben sowohl die Menschen, die sehr viel putzen, als auch die Menschen, die gar nicht mehr putzen. Sie ziehen nur unterschiedliche Konsequenzen: die einen arbeiten verbissen gegen den Schmutz an; die anderen haben aufgegeben und zweifeln, dass es eine Lösung gibt. Grundproblem ist hier die enge Verquickung von Schuld, Ausweglosigkeit und Schmutz. Wenn diese Haltung, die auf einem Glauben beruht, vorherrscht, sollten wir eigentlich froh sein, wenn immer weniger Menschen selbst putzen wollen; denn das hieße vielleicht, sie fühlten sich immer weniger von Natur aus schuldig. Oder es hieße, sie lassen sich durch jemand anderen entschulden. Das Bezahlen einer Putzfrau wäre dann quasi wie eine Ablasszahlung. In der Tat ist das in Lösung bringen von etwas, die lat. *solutio* (Verb: *solvere*) sprachlich verwandt mit der Ablösung bzw. Loslösung von Schuld nach deren Bekenntnis: der Absolution.

Oder ist der Schmutz gar schon verschwunden? Zumindest wird der öffentliche Raum auch architektonisch zunehmend als steril dargestellt, obwohl er in Wirklichkeit immer schmutziger wird, weil man Reinigungspersonal spart. Man darf sich hier nicht täuschen lassen. Es wäre an der Zeit, den privaten Schmutz endlich von Schuld und Bestrafung zu entkoppeln, so wie im Zuge der Säkularisierung Krankheit von Schuld und Bestrafung entkoppelt wurde. Man bekommt nicht die Grippe, weil Gott es so wollte und auch nicht, weil man nicht genügend geputzt hat. Es ist nicht Schicksal, sondern Zufall, den man immer nur minimieren, aber nicht verhindern kann.

Oder aber, und das war die biologistische Lesart des Nietzsche'schen Übermenschen, der Übermensch kann, gepaart mit seinem Willen zur Macht, alles, was er als schmutzig und parasitär erachtet, zu *vernichten* suchen. Er ist dann lebensfeindlich eingestellt. Der zunehmende Einsatz von Desinfektionsmitteln im privaten wie öffentlichen Raum gibt auch ideologisch Anlass zur Sorge, selbst wenn man bei vielen Menschen davon ausgehen kann, dass sie nicht wissen, was sie im mikrobiologisch-chemischen Sinne genau tun.

Bislang hat man das Putzen kaum zum kulturwissenschaftlichen Forschungsgegenstand gemacht und wenn, erörtert man es aus Sicht der Psychoanalyse, der Ethnologie oder der Religionswissenschaft. Im Zentrum steht dann die Reinigung des Körpers, das damit einhergehende Tabu des Schmutzes, die Schuld, die Bestrafung und das Ritual, aber *nicht* die Tätigkeit des Putzens, und erst recht nicht im modernen Haushalt. Eigentlich geht es immer um *Schmutzigsein* und nie um den Schmutz und das Putzen. Man tut dann so, als sei die gesamte Natur mehr oder weniger schmutzig. Mit dem Reinigen würde man sich dann von ihr abgrenzen können. Vielleicht ist das schon der erste Denkfehler. Natürlich trägt das Putzen all jene Kategorien der Schuld, Bestrafung (für den Sündenfall), Tabuisierung etc. in Form einer Aura der Unantastbarkeit und Sprachlosigkeit mit sich herum. Aber kann den vielen Putzenden, also auch Ihnen, damit geholfen werden? Kann man die Diskurse um schmutzige Körper, schmutzige Seelen, schmutzige Büros und schmutzige Privatwohnungen wirklich in eins setzen darüber, dass es jeweils um eine heilsbringende *Ordnung* geht, die Gesellschaften schon immer angestrebt haben? Ich denke nicht. Man arbeitet damit eigentlich denjenigen Diskursen zu, die ausblenden, dass »Haushalt« (griech. *oikos*) auch die Grundlage der Ökonomie ist und damit eine gesamtgesellschaftliche Angelegenheit, was in der Demokratie bedeutet, dass es jeden und jede etwas angeht, weil ja theoretisch alle

Menschen gleich sind. Von dieser Idee leben Sozial-
utopien. Ubiquitäre Sauberkeit braucht Zeit, Bildung
und technische Innovationen, und all dies kostet Geld.

Besonders prominent setzt etwa Dame Mary
Douglas, der wir herausragende Texte über Reini-
gungs- und Ordnungsrituale verdanken wie *Purity
and Danger* (1966), argumentativ vor dem 19. Jahrhundert an und blendet damit bewusst sowohl die
Industrialisierung, die Technisierung des Haushalts,
den Hygienediskurs, den Ökologiediskurs und den
Gleichstellungsdiskurs aus. All jene Diskurse waren im 20. Jahrhundert und bleiben darüber hinaus
einflussreich für das Putzen und wie, warum und
von wem es vollzogen wird. Hinzu kommen weitere wichtige Faktoren, wie die sich verändernden
Verhältnisse zwischen Öffentlichkeit und Privatheit,
zwischen Mensch und Haustier und zwischen Öffentlichkeit und Naturwissenschaft/Medizin (Popu-
lärwissenschaft). Nicht nur der Schmutz hat sich mit
der Industrialisierung verändert, sondern auch die
Tatsache, dass alle über sein Auftreten im Modus der
Bedrohung informiert werden, vor allem wenn er unsichtbar ist. Unsichtbaren Feinstaub von Autobahnen
gab es früher in der öffentlichen Wahrnehmung nicht,
dafür gab es Ruß und Asche, als man noch mit Kohle
heizte. Den Schmutz konnte man sehen und dadurch
putztechnisch beherrschen. Denkt man an die drei
wichtigsten Umweltmedien Boden, Wasser, Luft, so
ist der verschmutzte bzw. kontaminierte Boden ein-

deutig der Verlierer der Berichterstattung. Denn dem Boden haftet per se die Schmutzigkeit an. Die Reinheit der Luft und des Wassers sind zentrale Themen, die das Putzen begleiten (Staubfilter! Dunstabzüge! Lufterfrischersprays! Wasserenthärter!), und gerade diese lassen sich nicht mit dem Fokus auf den Körper und seine Verschmutzung bzw. Unreinheit erklären. Ein religiöser Bezug besteht aber auch hier (z. B. im Christentum über das Weihwasser und den Heiligen Geist, den *spiritus sanctus*).

Wenn es aber überall sauber zu sein scheint, verliert der Schmutz seine ordnungsstiftende Funktion. Der Schmutz wird deshalb zunehmend in die Vagheit des lebensweltlich Unsichtbaren gelegt. Was die industrielle Moderne gegenüber allen anderen Epochen auszeichnet ist die Faszination, die das erlangte Wissen um das Mikroskopische und damit lebensweltlich Unsichtbare in breiten Schichten der Gesellschaft auslöst: Bakterien, radioaktive Strahlung, Elektrosmog, Feinstaub, Pestizide, etc. All jenes ist das Messbare ohne augenscheinliches Maß. Weil das Unsichtbare nicht beherrschbar ist, erzeugen jene Verschmutzungsdiskurse eine neue Form der Angst, insbesondere, wenn sie mit Sanitarisierungsdiskursen (Gesundheitsoptimierung, Lebensverlängerung etc.) in Einklang gebracht werden. Es ist die Angst vor Kontrollverlust, die dann herrscht und gegen die keine Technik als Instanz der Regelung mehr zu greifen scheint. Der moderne Schmutz beruht also auf neuen

Ordnungen der Sichtbarkeit und Unsichtbarkeit, die ihrerseits an Machtstrukturen anknüpfen.

Das Machtspiel macht die Faszination des Putzens aus, zu der in der industriellen Moderne immer auch die Fahndung nach dem Tatort gehört (s. Kap. I). Es geht um Schmutz, der da sein *könnte*. So erklärt sich auch eine Sonderform des Putzens, die erst im 20. Jahrhundert ihren Aufschwung nimmt: das *präventive Putzen*. Hier geht es um Schmutz, der noch gar nicht da ist. Anders ausgedrückt: Die hygiene- und gesundheitsorientierte Gegenwart drückt sich dadurch aus, dass der Schmutz gar kein Thema mehr ist, weil er eigentlich nicht da sein *darf* – aber bedrohlicherweise doch da sein *könnte*. Die Bedrohung wächst in dem Maße, je weniger man über den Schmutz als solchen redet, sondern über etwas Anderes wie z. B. Bakterien oder Krankheit. Die Auseinandersetzung mit Schmutz folgt also bestimmten Begriffspolitiken, deren wichtigste Strategien die Übersetzung und die Nicht-Thematisierung oder gar Nicht-Benennung sind. Beim Schreiben dieses Buches habe ich gemerkt, dass viele ›Schmutze‹ gar keine eigenen Namen haben, sie sind nie systematisiert worden. Das zeigt, dass selbst die Chemie als Wissenschaft dieses alltägliche Thema des Schmutzens und Putzens ausblendet und nur ihre etablierten Begriffe wie »Fett«, »Seife« und »Kalk« bereit stellt. Die Geologie hat die »Ablagerung« beigesteuert. Die Biologie in Allianz mit der Jagd ist da lebenszugewandter, sie hat viele verschiedene

Namen für die gattungsspezifischen Exkremente, Aus- und Abscheidungen von Tieren entwickelt (Gewölle, Losung, Kot, Exuvie, etc.). Denn beim Jagen geht es – wie beim Putzen – um Spurensuche, um das Aufnehmen der Fährte, um die Fahndung. Früher hieß die Schuhputzbürste noch »Kotbürste« – wer das heute sagt, ist der Koprolalie verdächtig. Noch erinnert der »Kotflügel« des Autos an seine ursprüngliche Funktion. Wenigstens halten die Handwerker(innen) noch eine Sprache aufrecht, mit der man die Konsistenz, Form, Struktur, Größe und Erscheinungsbild des Schmutzes beschreiben kann – die Kruste und Krümel der Bäcker, die Schmiere der Wagenbauer und Zimmermänner, der Kleb der Müller. Hinzu tritt die Koch-, Imker- und Metzgersprache: Sudel, Gallerte, Sülze, Wachs und Schaum. Auch die Medizinerin kann sich nicht von Grind, Schleim etc. lösen, wenn sie dem Patienten jenseits des Lateinischen etwas erläutern will. Ansonsten wird es auch in sprachlicher Hinsicht immer sauberer. Schmutze werden meist als *Rückstände* ihrer Produktherkunft (z. B. Rückstände von Körperpflegemitteln), als *Beläge* oder als *Partikel* von Schmutz abstrakt umschrieben, aber nicht eigens benannt. Vor allem werden so die Tätigkeiten, durch die der Schmutz verursacht wird, ausgeblendet – anders als beim »Klecks«, der durch Klecksen entsteht (früher hat das Klecksen und Kleckern das Fallenlassen diverser Klümpchen eingeschlossen…). Wie wäre es z. B. wieder mit dem vergessenen Wort

»Badeschmutz« für den komplex zusammengesetzten Rand in der Badewanne nach dem Baden? Man kann das Wort »Küchenschmiere« gar nicht oft genug für seine Existenz loben. Wären Schmutz und Hygiene wirklich ein ernst genommenes gesellschaftliches wie wissenschaftliches Thema, jenseits der kurzfristigen Skandalisierung, gäbe es – auch sprachlich – weder Biotonnen noch Krankenhauskeime.

Das Putzen hat durchaus eine planerisch-strategische, aber auch eine magische Komponente. Sie kommt nur in der *Differenz* zum Ausdruck, wenn es plötzlich, wie von Geisterhand, sauber ist. Dafür muss es aber vorher sichtbar schmutzig gewesen sein. Das präventive Putzen, das aus hygienischen Gründen auch im Privathaushalt angeblich angeraten ist, zerstört die Magie, weil es keine Differenz mehr erzeugt. Dies ist kein Argument gegen regelmäßiges Putzen, aber gegen zu häufiges Putzen. So erweist sich die vorher zitierte Regel »Der beste Schmutz ist der, der gar nicht erst entsteht« zwar aus hygienischer wie putztechnischer Sicht als zunächst richtig, aber als psychologisch und moralisch und damit schlussendlich als falsch. Dies liegt daran, dass das Putzen wie jede Technik, zwei Komponenten in sich birgt: die des *Bewirkens* und die des *Vollbringens*. Das zweckinstrumentelle Bewirken achtet auf Zeit- und Kostenersparnis, d. h. auf effizienten Einsatz der Mittel, um einen Zweck (Sauberkeit) zu erreichen. Es putzt sich leichter und schneller, wenn es bei Putzbeginn nicht völlig dreckig war, d. h. wenn der Schmutz nicht schon im Zustand des Klebens und Haftens angekommen war. Andererseits ist das Vollbringen des Putzens, und damit die Anerkennung der Leistung, es wirklich zu einem erreichten Ende gebracht zu haben, erst dann wirklich ›rund‹, wenn man einen Unterschied zwischen Vorher/Nachher erkennt. Ihr Arbeitgeber weiß das vermutlich schon. Denn in Ihrem Büro sind Sie viel dankbarer und erleichterter, wenn die Fenster nur zweimal pro Jahr durch Gebäudereiniger geputzt werden, als wenn sie wöchentlich geputzt würden … Ein gewisses Leiden muss da sein, wenn leidenschaftliches Putzen – Putzen als Passion – Ihr Ziel ist. Das bedeutet also, dass Sie sich selbst die Frage nach dem Maß stellen müssten: »Wie schmutzig will ich meine Wohnung an welchen Orten werden lassen, damit ich nach dem Putzen auf meine Leistung wirklich stolz sein kann?«. Putzen ist und bleibt etwas Individuelles.

Zentral ist auch in meiner schmutzigen Sicht auf die Dinge das wichtige Argument von Mary Douglas, dass durch den Umgang mit Schmutz *soziale Ordnungen* stabilisiert werden. Es geht um klare Verhältnisse. Dazu gehört, dass der Andere, der Fremde immer auch als der Schmutzige angesehen wurde, der zu reinigen hat. Und deshalb wollen viele Menschen auch nicht putzen. Nicht zu putzen bedeutet dann, sich zu vergewissern, dass man zum Kern der Gesellschaft *dazugehört* (Inklusion). Ich glaube dennoch, dass sich diese exklusorische Sicht auf das Putzen ändern kann. Denn die ordnungsstiftenden Symboliken des Schmutzes und der Schmutzzuweisung sind wandelbar. Bei den menschlichen Essvorlieben der Europäer etwa haben Kriechtiere, die hauptsächlich Dreck und Aas fressen wie die Schnecken und immer als Speise der armen Leute galten, es in relativ kurzer Zeit bis in die Delikatessengeschäfte für die Reichen gebracht. Besonders teuer sind sie, wenn sie mit der Hand gesammelt wurden. Das fachkundige Putzen mit der Hand empfiehlt sich heute schon bei Antiquitäten. Was gut und teuer ist und Bestand haben soll, wird in Zukunft – so meine Prognose – auch wieder mehr von Eigenhand geputzt und gepflegt werden. Denn unkundiges Putzen ist für den Objekterhalt zu riskant geworden. Der Objekterhalt mit dem Ziel der Weiter-Vererbung war immer ein Kennzeichen der konventionellen Oberschicht – seien es Kleidungsstücke oder Antiquitäten. Tradition ist hier wichtiger als Konsum, anders als bei den sogenannten ›Neureichen‹. Vielleicht erkennt dies die Mittelschicht – wie immer sie heute definiert sein mag – in ihrem Streben ›nach oben‹ irgendwann auch. Putzen könnte in der Mittelschicht wahrscheinlich auch dadurch zu einer sinnstiftenden Tätigkeit werden, dass man es verwissenschaftlicht. Verwissenschaftlichung geht immer mit Ökonomisierung und Technisierung einher, d. h. gutes Putzen könnte teuer werden. Eigentlich ist es das schon jetzt, wenn man zeitökonomisch denkt. Allerdings muss man auch zugeben, dass bisherige

Verwissenschaftlichungsversuche des Putzens, die jüngst durch den Einsatz von Nanotechnik im Privathaushalt vorangetrieben wurden, gescheitert sind (s. u.). Das Putzen kann die Aura der Einfachheit der Mittel nicht ohne Weiteres abstreifen.

Anfangs habe ich gesagt, dass der Schmutz kein System, sondern eine Infrastruktur hat. Er bewegt sich auf Routen und nutzt quasi Autobahnen, Landstraßen und verkehrsberuhigte Zonen. Am besten zeigt er sich in Sackgassen, wenn er nicht mehr weiterkommt. Der Mülleimer ist eine Sackgasse, aber auch die Zimmerecke. Route und Routine sind sprachlich verwandt: der Routinierte ist ein Er*fahren*er im eigentlichen Sinne. Deshalb: Wer routiniert putzt, kennt den Weg des eigenen Schmutzes, geht ihm nach, weiß, wo er sich sammelt, putzt gegen ihn an und bleibt dabei leider, aber zum Teil notwendigerweise, in eingefahrenen Bahnen. Wer routiniert putzt, nutzt aber den Raum irgendwann anders. So kann der Wohnende teilweise seinen eigenen Schmutz dadurch mit beeinflussen, wo und wie er sich aufhält und ob der Schmutz es bis zu seinem Lieblingsstadium bringen darf: Dem *Festkleben*.

Schmutz ist jedoch nicht, wie Mary Douglas schreibt, immer fehl am Platz, sondern er ist gar nicht am Platz. Er ist utopisch. Er hat keinen Ort in einem imaginären System. Der Hausstaub entsteht im Haus; wenn man ihn nach draußen entsorgt, mischt er sich anders, er ist dann kein Hausstaub mehr, sondern nur noch ein undefinierbares Schwebeteilchen, das sich irgendwo sedimentiert. Schmutz ist immer Mischung, die zu einem Milieu gehört. Diese Mischungen verlaufen sich in den *Routen* der häuslichen Infrastruktur, die nach draußen führen. Etwas kommt von dort draußen immer wieder zurück und wird d'rinnen zu etwas Anderem. Nicht wenige Menschen haben deshalb Angst vor dem Abfluss, der ins Unbekannte führt (Kleine Kinder deshalb oft davor, sich auf den Toilettensitz zu setzen). Das kann man, wenn man hier ethnologische Erkenntnisse nutzen möchte, mit dem Ordnungsdenken von flussabwärts/flussaufwärts erklären, welches es schon gab, als auch wir noch zu den ›primitiven Völkern‹ zählten. Was flussabwärts schwimmt, scheint weg zu sein, aber vereinzelt schwimmt etwas gegen den Strom. Das erzeugte schon immer Angst. Deshalb nach dem Bedienen der Toilettenspülung am besten immer tüchtig Desinfektionsmittel hinterher schütten, damit auch das, was da unten an Grauenhaftem sein könnte, niemals das Fallrohr hoch kommt. Einige erinnern sich vielleicht an Anekdoten aus dem Geschichtsunterricht: dass die verwundbarste Stelle einer mittelalterlichen Burg der nach unten offene Aborterker war, insbesondere wenn der Herrscher sich darin befand. Das Klo und das Kloputzen wäre ein eigenes Thema für ein Buch, hier könnten Psychoanalytiker zur Hochform auflaufen. Es wird viel Energie kosten, auch dem letzten klar zu machen, dass das infrastrukturelle

Ende des Abflussrohres nicht die Hölle, sondern die Kläranlage ist. Die Bildungsarbeit von Mikrobiologen, Dermatologen und anderen mit dem Ziel zu verdeutlichen, dass Bakterien keine natürlichen Feinde des Menschen sind, sondern dringend benötigt werden, hat bislang nur etwas, aber noch zu wenig erreicht. Vielleicht sollte man nicht so viel über Darmflora, sondern über die Schönheit der Haut und damit über die äußerliche Oberfläche reden, die durch Bakterien geschmeidig wird.

Weil das Putzen den Charakter des Unwirklichen bekommen hat, eignet es sich auch gut für Pathologisierungen. Derjenige, der sein Putzen zum Thema macht oder ostentativ putzt, scheint in dieser Perspektive abweichlerisches Verhalten zu zeigen. Dabei stellt er sich dem gesellschaftlich gewünschten und erzeugten Standard nach Hygiene und Sauberkeit derart korrekt, dass er ihn sogar zur privaten Norm erhebt. Dieses Verhalten ist in anderen Bereichen der Gesellschaftserziehung durchaus erwünscht, z.B. bei den Verboten des Rauchens im öffentlichen Raum. Einige Menschen rauchen nun auch zuhause nicht mehr und haben sich den ausgerufenen Standard als Norm zu eigen gemacht und das Rauchen aufgegeben; andere haben das Rauchen angesichts seiner Verteufelung zu einer Privatsache erklärt, die es als Bestandteil eines alternativen Lebensstils zu schützen gilt. Das Rauchen schwankt in der öffentlichen Wahrnehmung zwischen Unterschichtenphänomen und Avantgarde. Wieso ist das Putzen, anders als das Schmuddel-Zeigen, mittlerweile nicht Teil eines alternativen Lebensstils geworden? Wieso kann sich aus den Gerne-Putzern keine Avantgarde entwickeln? Durch soziale Normen, die mit den Gesundheits-, Ökologie- und Hygienediskursen entstanden sind und immer auf das Ganze (des Körpers, der Natur, der Gesellschaft) abheben, wird es generell schwierig, ›alternative‹ Lebensstile zu leben. Denn die genannten Diskurse stehen im Zeichen der Vorschrift, wie man sein Leben zu führen hat. Es geht also um eine moralisch aufgeladene Lebensführung und nicht um einen Lebensstil, weil so getan wird, als schade man mit seiner individuellen Art und Weise, sein Leben zu führen, über kurz oder lang allen Anderen bzw. dem Ganzen. Man muss zugeben, dass einige nachbarliche Kontrolleure der Kehrwoche den angeblichen Schaden für die Allgemeinheit im Treppenhaus sogar mündlich äußern, wenn man nicht rechtzeitig die Treppe geputzt hat (weil sie auch gar nicht schmutzig war). Aber das ist mittlerweile zur Ausnahme geworden, deshalb kann man sich ja über die Kehrwoche so belustigen. Leider hat die historisch enge Beziehung von Putz-geräten und Prügelstrafe (Teppichklopfer, Besenstiel, Flederwisch, jemanden »striegeln« oder »bürsten« etc.) über Generationen den Eindruck verstärkt, dass Putzen und Disziplinierungsmaßnahmen zusammen gehören. Aber schließlich gab es auch das Nudelholz. An der Kehrwoche ist weniger das Putzen lustig, als dass es dafür eine kalendarische Ordnung zu geben hat. Und die hat so gar nichts Avantgardistisches.

Aber es gibt auch Hoffnung, denn maßregelnde Hinweise auf die Lebensführung werden beim Putzen kaum mehr explizit in Anschlag gebracht bzw. nur, wenn man zu den Unglücklichen gehört, die in ihrer Privatwohnung Besuch vom Jugendamt bekommen und auf ihre Erziehungsfähigkeit überprüft werden. Für alle anderen bleiben die Privatwohnung und damit der Schmutz privat und das ist auch gut so; in der Öffentlichkeit reicht saubere Kleidung bzw. ein »gepflegtes Äußeres« gemeinhin aus. Ärztinnen und Pfarrer, d. h. Berufsgruppen, die oft Hausbesuche machen, können aber über Wohnungen jenseits der stets verdächtigten ›Unterschicht‹ ganz andere Geschichten erzählen, tun es aber meistens nicht (weil sie zur gleichen Schicht gehören wie diejenigen, über die sie sich negativ äußern könnten). Außerdem haben sie ja Schweigepflicht. Es sind gerade die Menschen aus der Unterschicht, die für andere putzen und deshalb auch putzen können. Für eine Avantgarde fehlt aber das Visionäre, Spielerische, Sich-Ausprobierende. Man hat auch einfach ganz andere Sorgen.

Der Normalisierungsdruck zeigt seine Auswirkungen im Schämen. Manche Menschen schämen sich so sehr, wenn sie in einem amerikanischen Fast-Food Imbiss gesichtet werden, als hätte man sie in einem Bordell erwischt; sie betonen dann, dass sie *auch* gerne selber kochen und sich *ansonsten* gesund ernähren.

Sie schämen sich, wenn sie beim Rauchen erwischt werden (»Eigentlich will ich es mir ja abgewöhnen«) und erleben eine Katharsis, wenn sie jemanden treffen, der auch raucht. Sie nähern sich dann schnorrend z. B. am Rande einer Konferenz mit den Worten: »Kann ich eine Zigarette haben? Ich nehme gar keine mehr mit, weil ich denke, es raucht ohnehin niemand.« Die Kontrolle durch den Mitbürger scheint so groß, dass sich viele auch schämen, beim Verzehr einer Sahnetorte gesehen zu werden (Cholesterinwerte? Übergewicht?) oder dafür, noch nicht auf Mallorca gewesen zu sein. Alle jene Normalen schämen sich aber deutlich weniger, wenn es bei ihnen im Büro oder zuhause schmutzig ist, denn insbesondere der Ökologiediskurs bietet für alle willkommene Ausreden (»Putzen ist schlecht für die Umwelt.«). Oder dass man einen Hund hat, denn offensive Tierliebe gehört auch zur Normalisierung (Wer traut sich schon noch zu sagen, dass er Hunde nicht mag?). Oder viel arbeitet (ist sowieso normal). Oder keine Zeit hat (ist auch normal). Oder die Putzfrau Urlaub hat (Ist sie auf Mallorca? Wie kann sie sich bloß die Malediven leisten – vom Putzen?). Kaum jemand gibt zu, dass er nicht putzen kann oder nicht will oder beides. Das ist bemerkenswert. Aus diesem Umstand der Ohnmacht und des Zeitmangels gepaart mit Inkompetenz und Widerwillen erwächst die Verachtung gegenüber demjenigen, der bzw. die putzt. Aber Verachtung ist eigentlich nur die Kehrseite der Bewunderung. Das

Wort »Kehrseite« kommt übrigens nicht vom Kehren mit dem Besen wie die »Kehrwoche«, sondern von der anderen Seite der geprägten Münze, die früher keinen Prägewert hatte. In der Tat hat die gegenwärtige Mentalität der Verachtung des Putzens auch etwas mit Geld zu tun.

Kampagnen gegen das Rauchen sind nicht nur durch die Vision der nationalen Gesundheitserziehung (»public health«) motiviert, sondern auch durch Gründe der Kostenersparnis, die durch weniger Putzen und Aschenbecherleeren erreicht werden sollte. Vor allem aus diesem Grund hat die Deutsche Bahn schon sehr früh Raucherabteile abgeschafft. Fast unbemerkt wird seitdem auch für alle anderen, d.h. auch für die Nichtraucher, weniger geputzt; kurz vor Erreichen der vorläufigen Endhaltestelle wird nur der Müll in großen blauen Säcken eingesammelt. Aber man sieht niemanden mehr über die Tische wischen. Das Schmutzverbot für die einen führt zur Einschmutzungsgefahr für alle. Das ist die bittere Pille, die die Normalisierungsanhänger zahlen müssen. Vielfalt sichern bedeutet, Möglichkeiten offen zu halten, die einen auch selbst betreffen könnten.

Aber erst, wenn viele, die es sich leisten können eine Putzfrau zu beschäftigen, anfangen, ihre *Simplify your Life*-Bücher wegzuwerfen und all ihre Dinge konsumbekennend selber zu putzen – anstatt den Schmutz wie auch den partiellen Konsumverzicht als Teil eines vermeintlich alternativen Lebensstils zu glorifizieren – könnte man an eine putzende Avantgarde zumindest denken: Menschen, die ihre Zeit *bewusst* damit verschwenden, dasjenige Nutzlose zu pflegen, für das sie schon Geld verschwendet haben und kein angeschafftes Ding bereuen. Aber umgekehrt auch verlangen, dass Institutionen und Unternehmen ihr Geld dafür verschwenden, die vielen Dinge in (halb) öffentlichen Räumen besser und häufiger zu putzen – und nicht nur in sauberen, kahlen Flächen zu denken. Die Welt soll bewohnbar erscheinen! Ein schmutziges Ding ist eine größere Anklage als eine schmutzige Fläche. Denn ein Ding hat jemand erdacht, hergestellt, vertrieben, verkauft und gekauft; es ist verkörperte Arbeit. Dies wäre dann eine Avantgarde, die sich dem Funktionalismus wie dem Ordnungssinn durch offensives Putzen verweigert, die Herrschenden in ihrem technokratischen Ordnungsdenken beschämt und dennoch, wie fast alle Avantgarden, zum Klassenerhalt beiträgt, weil sie sich selbst an die *Dinge* verdingt. Hier sind wir endlich bei der Grundbedeutung des Polierens angelangt, denn (lat.) *polire* meinte das Putzen von Dingen: für den schönen Schein des Hergestellten, des Künstlichen. Man denke aber immer an Jean Paul: »es gibt dinge, an denen die iltishaare des pinsels vergeblich bürsten.« (*Die unsichtbare Loge*, Berlin 1793, 1, 63).

Aber noch sieht es anders aus. Die Industrie hat die aktuelle Sehnsucht nach dem »Nie wieder putzen!« verstanden. Sie hat sie auch selbst erzeugt, hin auf den Nachfragesog einer Gesellschaft, die den Wert der Klarheit mit absoluter Transparenz verwechselt und deshalb die vollverglaste Duschkabine und Neubauten mit viel Glasfront feiert. Man hat nichts mehr zu verbergen, es findet nichts Verbotenes hinter verschlossenen Türen statt, es gibt keine menschlichen Abgründe mehr und man lässt sich deshalb auch gerne überwachen. Und wenn man etwas verbergen will, dann muss man es sich leisten können, z.B. durch einen Garten mit hoher Hecke (feudaler Lebensstil!). Die muss aber auch mal geschnitten werden. Früher gab es kleine Türspione in der Tür, die erlaubten, von innen nach außen zu blicken, aber nicht umgekehrt. Das galt als spießig. Als nicht spießig gilt, keine Gardinen vor dem Fenster zu haben: Schaut doch zu, was ich mache, ist mir egal! (Gardinen wasche ich auch nicht!) Heute werden in Häusern bereits neben der Eingangstür bodennah lange Fenster eingesetzt, damit man auch von außen sehen kann, wer gleich die Tür aufmachen wird und damit man Tageslicht im Flur hat. Aber man öffnet zunehmend nur noch die Tür, wenn man, noch ohne Sichtkontakt, bereits vorher auf dem Bildschirm per Überwachungskamera gesehen hat, wer draußen steht. Die Transparenz durch freie Fenster an der Eingangstür ist also nicht unvermittelt. Natürlich müssen all diese Fensterfronten auch geputzt werden, die es früher so gar nicht gab. Man weiß gar nicht mehr, was »spießig« bedeuten soll; ähnlich wie unklar geworden ist, was »konservativ« ist.

Auch beim Duschen wird Transparenz großgeschrieben. Dazu kommt, dass moderne, vollverglaste Duschkabinen heute auch Dampfbadfunktionen haben. Sie verbreiten ein Idealklima für Schimmelpilze. Galt nicht immer, dass man seine Wäsche nicht in der Wohnung, auch nicht im Bad, trocknen soll? Kann man nicht in ein öffentliches Dampfbad bzw. Hammam oder in ein Spaßbad gehen, wenn man gerne in heißem Dampf sitzt – wo auch professionell gereinigt wird? Was sollen diese Innovationen im privaten Bereich, die eine Putzleistung verlangen, die nicht Sauberkeit, sondern hygienische Standards erfüllt? Sie sollen vielleicht gar nichts, aber sie wollen eines: geputzt werden. So wird wahrscheinlich der Spezialreiniger *Schimmel-Ex* in Zukunft zum Universalreiniger aufsteigen. Denn wegen der explodierenden Heizkosten lüften Menschen auch immer weniger und Häuser sind immer besser gedämmt. Der Trend, Orte des Öffentlichen wie Dampfbad und Kino ins Private zu verlegen (Heimkino!) nimmt in der oberen Mittelschicht zu. Denn dort kann einen der Mitbürger scheinbar nicht überwachen. Ein Ort zum Schutz der Intimität sieht aber anders aus, die Höhle war noch nie transparent. Der Rückzug ins private Aquarium bei einem gleichzeitigen Anhäufen von Dingen und Apparaten, die gelegentlich auch vorgeführt werden wollen, bedeutet aber, zuhause mehr putzen zu müssen. Wer soll das bezahlen? Es wird nicht viel anderes übrig bleiben, als das Putzen in die sinnstiftenden

Tätigkeiten der oberen Mittelschicht emporzuheben, denn wo früher eine Putzfrau reichte, müssten es in Zukunft womöglich zwei sein.

Gerne bietet die Industrie zur Beruhigung Produkte mit »staubabweisenden Oberflächen« an, denn die werden gekauft. Aber wo geht der Staub dann hin, wenn er überall abgewiesen wird? Er hört auf jeden Fall nicht auf, da zu sein. Ähnlich ist es mit dem Konzept des »selbstreinigenden Backofens«. Wer logisch denken kann, amüsiert sich. Zum Totlachen ist übrigens auch, dass die neuen nanobeschichteten Oberflächen im Sanitärbereich, an denen weniger Schmutz haftet, nicht lange überleben: weil sie in kurzer Zeit weggeputzt werden. Jeder will diese schmutzabweisenden Oberflächen haben, aber keiner glaubt an sie und putzt deshalb mit konventionellem, zum Teil abrasivem Putzmittel immer tüchtig nach. Die schmutzabweisende Oberfläche ist so unsichtbar, wie der Schmutz, der an ihr nicht mehr haften soll. Na also! Putzen scheint einem tiefen inneren Bedürfnis zu entsprechen, das erfüllt werden will. Leben wir es doch endlich aus, solange wir noch können!

Nun sind wir also beim Tod angelangt und damit am Ende meines – subjektiven – Lageberichts aus dem neuen Krisengebiet: der Privatwohnung. Die Lage ist nicht einfach, wie wir gesehen haben. Sich zu wünschen, nie mehr zu putzen, ist wie sich zu wünschen, nicht zu sterben. Das ist ein alter Traum, aber wie man aus dem Science-Fiction-Genre lernen kann, ist es der größte Wunsch der Cyborgs und Humanoide, endlich auch sterben zu können wie die echten Menschen, damit ihr Leben einen Sinn hat. Endlichkeit bedeutet Sinnsuche. Das Putzen bringt, durch seinen Umgang mit dem Schmutz, dem Dreck, dem Staub die eigene Sterblichkeit in die Anschauung. Aber auch die Möglichkeit, immer wieder neu anfangen zu können. Deshalb ist Putzen nichts für Feiglinge. Seien Sie also froh, wenn Sie noch lange putzen können, bis unwiderruflich Ordnung herrscht und es heißt: »Asche zu Asche, Staub zu Staub.«

Index